淘宝天猫店铺运营实战

李昕◎著

電子工業出版社
Publishing House of Electronics Industry
北京•BEIJING

内 容 简 介

《淘宝天猫店铺运营实战》分为三个部分。第一个部分为淘宝开店准备，包括第 1 章～第 3 章，介绍货源、商品上下架、主图和详情页设计、标题优化等淘宝店铺运营的基础内容。第二个部分为运营推广，包括第 4 章～第 7 章，介绍自然流量、直通车操作、淘宝活动等流量操作与爆发技巧。第三个部分为总结规划，包括第 8 章和第 9 章，介绍生意参谋数据化分析、运营规划等淘宝店铺运营的思路以及操作思维。

《淘宝天猫店铺运营实战》为三位作者的实操经验总结，涉及腊肉、产业带女裤等淘宝类目，以及 1688 无货源一件代发商品。操作步骤具体、细致，从操作层面一步步引导读者实际操作，读完本书后，新手卖家或者没有运营思路的卖家可以打开思路，系统地操作淘宝店铺。

《淘宝天猫店铺运营实战》适用于刚进入淘宝的新手卖家、有志于在淘宝创业的个人、高等学校本专科学生，同时也可供有一定经验的淘宝卖家学习借鉴。

图书在版编目（CIP）数据

淘宝天猫店铺运营实战 / 李昕著. —北京：电子工业出版社，2019.1
ISBN 978-7-121-35720-6

Ⅰ. ①淘…　Ⅱ. ①李…　Ⅲ. ①网店－运营管理　Ⅳ. ①F713.365.2

中国版本图书馆 CIP 数据核字（2018）第 275066 号

责任编辑：石　悦
印　　刷：三河市双峰印刷装订有限公司
装　　订：三河市双峰印刷装订有限公司
出版发行：电子工业出版社
　　　　　北京市海淀区万寿路 173 信箱　邮编：100036
开　　本：720×1000　1/16　印张：12.25　字数：198 千字
版　　次：2019 年 1 月第 1 版
印　　次：2019 年 1 月第 1 次印刷
定　　价：59.00 元

凡所购买电子工业出版社图书有缺损问题，请向购买书店调换。若书店售缺，请与本社发行部联系，联系及邮购电话：（010）88254888，88258888。

质量投诉请发邮件至 zlts@phei.com.cn，盗版侵权举报请发邮件至 dbqq@phei.com.cn。

本书咨询联系方式：（010）51260888-819，faq@phei.com.cn。

目 录

读者服务

轻松注册成为博文视点社区用户（www.broadview.com.cn），扫码直达本书页面。

- **下载资源**：本书如提供示例代码及资源文件，均可在 下载资源 处下载。
- **提交勘误**：您对书中内容的修改意见可在 提交勘误 处提交，若被采纳，将获赠博文视点社区积分（在您购买电子书时，积分可用来抵扣相应金额）。
- **交流互动**：在页面下方 读者评论 处留下您的疑问或观点，与我们和其他读者一同学习交流。

页面入口：*http://www.broadview.com.cn/35720*

第 1 章

找货源与 1688 一件代发——布局、指标、技巧

本章要点：

- 好货源是在淘宝开店赚钱的基础
- 怎样寻找机会大的货源
- 学会分析货源是否有爆款潜质
- 货源选择误区
- 1688 一件代发技巧

在淘宝开店，格局与思路、规划本来应该都是在第一章讲的，但是读者往往都是中小卖家，如果先讲格局，那么很多人可能会听不懂，所以首先介绍在淘宝开店的思路，如图 1.1 所示。另外，在淘宝开店最重要的是坚持，如果在一个行业中坚持摸索 3 年，那么你也能成为这个行业的“大神”。

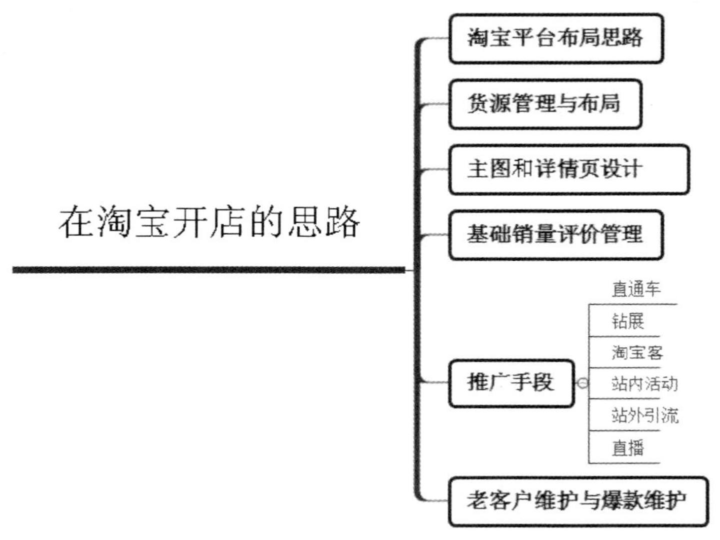

图 1.1

在讲述货源以前，需要先更正很多新手卖家的两个错误观念：①只关心推广阶段，即只关心怎样推广出爆款商品，包含但不限于怎样靠自然搜索、直通车、钻展、站外引流、淘宝客推爆款等，只要是能让流量飙升的任何手段都关心，其他的手段不关心。其实我刚在淘宝开店时也犯这个错误，后来我彻底理解了，任何事情都不能脱离本质，在淘宝做零售的本质就是商品要好。与卖家态度相关的因素有货源、价格、主图、详情页、售后服务等，而且淘宝的算法工程师也是这样设计平台搜索引擎的。我们做事情要有耐心，从第一步做起，做事要细腻，不要认为没用，事实上从第一步做起在无形中符合了淘宝的本质，即货源的本质。②培训代运营那么牛，为什么不自己卖货。这又回到了第一个错误，淘宝流量能够爆发的本质在于商品。淘宝运营的技术现在已经相当透明，只要你拥有了理念和技术，你就可以寻找一个好货源操作。大卖家不缺技术，他们重视的是商品和推广费用，如果你没有好货源和足够的资金，那么你可以做 TP（taobao-partner，淘宝伙伴）——培训代运营等，这就是淘宝这个行业的细分市场。用自己的店铺操作、“烧钱”的卖家成长得很快。如果要真正成为经验丰富的直通车车手，那么一定是用很多“烧钱”经验堆积起来的。“师傅领进门，修行靠个人”，很多大店铺运营或者淘宝店铺做得大的卖家都超过了带他们入淘的人，这是因为他们自己在不断思考、操作、磨炼。

2018 年我操作了两个店铺两个夏季款商品，都是以直通车和圈粉案例来做的。在 6 月，女裤子类目做到 TOP 30，下面我就以这两个店铺为案例进行讲解。

1.1　好货源是在淘宝开店赚钱的基础

一定要了解平台的属性。淘宝是一个零售平台，你卖的是单个的商品，面向个人买家；1688 定位为批发平台，你卖的是批发的商品，面向商家；百度是一个搜索信息的平台，可以发布服务；58 同城、赶集网定位于本地服务；其他门户网站也都有其属性。这些属性是平台拥有者对平台的宣传定位，从而吸引了一大批顾客群。当你想找建材的时候，很少有人打开淘宝；当你发布家政服务信息的时候，58 同城、赶集网肯定优于淘宝；当你去卖小吃、卖食品的时候，你不会在百度上推广；如果你卖的是小吃技术加盟学习，就必须在百度上推广，如果在淘宝上推广则无人问津。这说明，在淘宝开店，我们是来卖商品的！

我们明确了我们是来卖商品的，而且淘宝针对商品的人群流量非常好，其他卖信息等非商品的商家也可以分析淘宝这个平台是否适合自己（比如代写软文一类的服务就非常适合）。任何一个事物都不能脱离其本质而存在，很多卖家在淘宝开店时学习的第一个技巧是推广，很多人在看淘宝课程时，忽略了前面的关于货源、主图、详情页、评论的知识，直接去学自然搜索和直通车，这是非常错误的，运营技巧其实只有那么多，而关于商业和买卖，我们应该首先清楚卖什么、卖相怎么样，而不是怎么卖。

如果你根本不了解你的商品，甚至没有分析、没有研究、没有看过你的商品，那么就算卖爆了，靠的也只是运气，虽然像这样运气好的卖家在淘宝还不少，其实这都是拜平台流量大所赐的，但是在淘宝机制越来越正规的今天，如果想长期在淘宝平台上发展，请把注意力集中于第一步——研究商品。

1.1.1 商品被消费者认可的本质——价格合适和买家喜爱

对于商品来说，我们要研究的东西太多了。不管是卖女装的卖家，还是卖食品的卖家，对自己的商品都有自己的理解，主要包括以下几点：品质、性价比、变化趋势、买家喜爱度、竞争环境、回购等。不同商品的属性是不同的，如毛衣、生鲜、红酒等。每种商品的天然属性不同，买家的购买习惯、理念、消费习惯不同都会导致转化率差异很大。在电商这个看不到买家表情的平台上，用数据分析的就是买家那一张张脸。例如，你在线下开一个早餐店，如果东西难吃、卖相不好，那么买家不会买，即使买了、吃了以后表情也不会好看，但是在线上你看不见他们的脸，你只能看到买家的点击率、转化率、售后反馈等。在研究商品时，应该研究商品本身和购买者两个方面。

1.1.2 为什么有流量而没有转化

如果有流量而没有转化，那么可以看一看流失竞店。对于搜索同样的关键词进来的流量，你的店铺的转化率和别人店铺的转化率是不同的。如果有流量而没有转化，就证明你的商品本身存在某个方面的问题。

1.1.3 影响商品转化率的几个重要因素

影响转化率的因素有价格、主图、详情页、评论、竞争环境。在淘宝开店，不要异想天开地认为，在 1688 上进货价为 10 元的衣服可以卖 100 元，应该先用你的关键词搜索一下同行的商品，看看他们在哪些方面做得比你好，可能他们在以上所有方面做得都比你好。当你在同类商品中所有方面都不占优势的时候，你的救命稻草就只有自然搜索了，而且就算你的商品能够成为爆款，也不可能成为大爆款。

转化率其实还有一个影响因素——口碑，品牌商品因为口碑好，所以卖得很贵都有不错的转化率，而没有品牌的商品只要价格一高，转化率就立刻下降。由此可见，虽然在电商运营，但是看到我们商品的都是一个个真实的人。

1.1.4　我能不能在淘宝上做多类目制霸

在淘宝上，性价比和竞争环境是两个比较重要的因素。找过货源的人一定知道一个高性价比的货源多么难找，在找到以后要研究消费者，同时还要和对手拼销量、研究竞争环境、研究大盘，所以我建议新手卖家要研究自己的类目，在做好一款商品以后再研究同类目的第二款商品，而不要把食品店和服装店一起开。要记住，人的精力是有限的，你不可能和淘宝上的所有卖家竞争。

1.1.5　中小卖家在淘宝开店还有机会吗

在淘宝开店，流程为货源—推广技巧—售后客服服务［维护 DSR（店铺动态评分）］—老客户维护与口碑（品牌化），即爆款链条流程，如图 1.2 所示。这样的一系列操作影响了商品的权重，也决定了淘宝给你的自然流量。因此，我们一定要把这个链条做好。

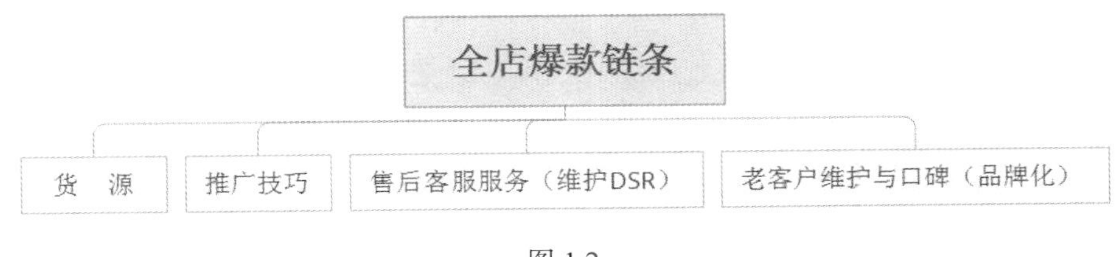

图 1.2

前面讲到了商品被消费者认可的本质是价格合适和买家喜爱。这也就解释了为什么开始的一些淘品牌竞争不过后来入淘的线下大品牌。线下的大品牌，比如服装，在生产一件商品前，会有专门的团队研究流行趋势、市面竞品价格，做大批量采购的成本控制，针对购买人群设计，在一件商品诞生后的每个环节都是面向消费者的需求的，同时品牌效应也会影响转化率和回购率，这不是中小卖家可以超越的，大卖家只要在运营时使用广告付费推广，就可以很容易地把商品做到大爆，这也遵循了商业的本质。

但是，淘宝的流量是很大的，大卖家不可能卖所有买家喜欢的商品，在一些稀有、个性化商品或者自家农商品上，小卖家还是有很大优势的。同时，淘宝的权重也在不断变化，中小卖家只要掌握好上述的链条，找到适合自己的蓝海商品，对应好商品的人群标签，就可以挖到第一桶金，然后慢慢地发展。新手应该怎样选货呢？

1.2 怎样寻找机会大的货源

在有了信心以后，我们就要开始找货源开店了，下面介绍如何寻找货源和从哪里入手。

1.2.1 中小卖家怎样找货源

找货源主要有以下几种方法。

1. 有圈子，有人带

如果你的很多老乡、朋友在淘宝开店赚了钱，或者你的朋友圈里有赚钱的人，他们会和你说案例，告诉你怎么操作，很容易就把你带起来，其实生意都是这样的，如果有人带就会做得比较快。我的一个在淘宝开店的朋友的弟弟，完全不懂淘宝运营，他哥哥带他做，给他提供货源（杭系腔调男装），告诉他操作技巧，结果他在 3 个月里纯赚 80 万元，这在很多人看来是可望而不可即的。有的人说我没有这种圈子怎么办，其实做任何行业都要有人脉或者同行业圈子可以互相交流，如果你没有圈子你就要去制造圈子，比如加入各种群、各种论坛、各种学院，与同行们切磋交流。

2. 跟款

跟款也比较常见，比如你在一个产业带做一个类目，当看到别人的款式做得好，可以确定这个款式绝对是爆款时，可以马上拍图跟上，这样成功率非常高。往往在一个服装的新爆款出现后，会同时出现很多款式的跟款。

3. 到批发市场或者工厂进货

这种方法也很靠谱，离市场近的人可以天天去市场，和摊主聊天，看出货情况，同时也可以和摊主交流商品价格、质量以及供应链，做到万无一失，出货多的商品自然是爆款，但是要注意在转市场的同时也要参考网上同行的爆款。

4. 自己可以设计或者看到一个款式能爆时找人设计

这是在行业中长期沉淀的结果，不是一朝一夕能练成的，新手勿碰。比如，御泥坊就是这种情况，这是建立在对淘宝规则、商品和客户的理解之上的。

5. 1688 一件代发

这基本上是新手练手的，1688 上的货也有非常多爆款，但是建议在买之前先把货拿过来，最好自己拍图，做到对质量、实物心里有数。如果实在没有货源，那么找 1688 一件代发的货源也可以，从 1688 进货起家的掌柜确实不少，但是怎么能确定自己的货源适合在淘宝推广呢？

1.2.2　新手卖家选货类目建议

关于是做大类目还是做小类目的问题，当然建议做大类目。因为大类目流量多、机会多，例如，女装大类目下的子类目——连衣裙和羽绒服下还有很多款式的分类，这些分类都有自己的粉丝和受众，建议新手卖家寻找大类目中细分类目的蓝海商品。大类目的蓝海商品的特征为点击量大、转化率高。如果把一件很偏门的商品（如俄罗斯罐头、切糕）放在非电商环境中，那么也许转化不好，但是如果买家是用这个商品名关键词搜索的，那么手淘搜索的转化率自然会很高。我不建议去做大类目中竞争最激烈的领域，比如男装正装风衣、正装衬衣，你会拼得很累，而男装宽松毛衣这样的类目竞争数量相对较少，只要个性突出，如果销量越多，点击量越大，转化率就会越高。同时，我们还应该寻找转化率高的小众商品，比如，如果你是做羽绒服商品的，北欧风格高价羽绒服商品的转化率就会普遍高于大众款羽绒服，因为小众商品的商品少、个性明显，所以需求更加精准，转化率更高，这就是商业的本质。

有的人可能不理解什么是蓝海商品，下面举两个小卖家选对商品取得成功的例子。

特色类目 1：湖南省长沙市高桥农副商品市场的腊肉类目

图 1.3 所示为一个个人腊肉店，没有采用任何推广手段和技巧，没有主图和商品详情页，靠的就是商品质量。也许有的人觉得销量只有 110 个太少了，其实这个数量不准确，这个店的店主是我的一个朋友，他一个月有 5000 元左右纯利润，不开直通车、不做自然搜索，只是把老客户维护好、靠平台流量，每天的工作量很少，然而每天可以有十几个订单，而且每天都有一些客户是对几个商品同时下单的。

图 1.3

特色类目 2：男装类目的情侣装

我们再看一个大类目的蓝海商品，男装类目的情侣装。我们都知道，情侣装这个商品一般都是女人买给老公或者男朋友穿的，所以女性类目标签的情侣装杀成一片血海。由于竞争激烈，商品价格也比较低，但是如果你把商品放在男装类目里会怎么样呢？

如果你把商品放在男装类目里，当男人要给女朋友或老婆买情侣装的时候，就能搜索到了。男装类目的情侣装案例如图 1.4 和图 1.5 所示，大部分都是男人购买送给女朋友穿的。

图 1.4

图 1.5

男装类目的买家一般不会计较价格，而且转化率比较高，这就是上文所说的大类目蓝海。

小类目流量少，但是竞争却不少，在淘宝上现在已经几乎没有流量词是很少有人涉足的了，如果有那么你一定要保守秘密，不要让其他人和你抢。

1.2.3 是高价卖还是低价卖

自从淘宝实施千人千面以来，每个买家账号就都打上了价格标签。你可以用自己的账号登录淘宝（其实不用账号也可以，淘宝是锁定 IP 的）搜索某个词，如 T 恤，你可以看到展示出来的商品是男装还是女装，是什么价位段。

这就是说，淘宝是给你的 IP 打标签的，而不是给账号打标签的。我们公司有多台电脑、一根网线，用这几台电脑搜索一个词，出现的结果都一样，所以有时候自然搜索流量被判定为虚假，这就是最重要的因素，因此不能用一根网线开多个店铺。

在商业中，高价商品转化率低，走质；低价商品转化率高，走量。这是一定的，所以淘宝算法权重规定最重要的因素是销售额，是坑位产出（坑位产出=客单价×销售额）而不是转化率。当然，转化率会制约销售额，但是要看在什么比例下制约，比如 1000 元商品的转化率为 1%，就比 100 元商品的 5%要好很多。淘宝权重是综合考量的。同时，淘宝规定低于一口价 30%不算销量，这样的算法也防止了恶意低价竞争。

我们以服装大类目为例来说明这个问题。

1. 低价服装

低价服装的受众为学生、上班族、打工者等普通老百姓，他们追求的是物美价廉，像吃饭一样，他们最在意的是吃饱，而并不太在意味道，但是如果你把味道同步做好了，那么你在这个市场里是很有竞争力的。同时，现在的中国老百姓有钱了，衣服不会穿很久，所以低价服装应该在详情页上着重突出潮流、时尚、新款、明星同款等关键词，由于低价商品往往是地摊货或者档口货，在宣传上要注意扬长避短，多放款式细节和模特图、场景图，避免露出品牌或者质量细节。应该分析人群心理，他们担心质量问题，可以通过活动、淘宝客、外站等手段多方面推广，销量越高越好，低价人群的从众心理比高价人群更强、更容易转化。我建议新手卖家从做低价商品起步，低价商品的推广方式更加多样化，而且更容易成交以树立信心，不要一开始就直接做高价款。

2. 高价服装

高价服装的消费者更在乎的是我花的钱能给我带来什么，消费者更关注品牌、品质、细节。一件高价服装给消费者带来的不只是时尚和潮流，更多的是面子、兴趣爱好等，所以你不要堆砌模特图，用适当的商品细节展示、商品外观的效果图凸显商品品质就变得重要了。当然，有品牌的商品转化率会更高。销售没有品牌的高价商品会非常累，你要更加注重淘宝规则、搜索情况、首页和直通车流量情况等细节。

另外，低价单除了推广手段多样化之外，还有一个最重要的优势：老客户购买和评论。很多低价单的买家和淘宝客会主动问你店铺会不会搞活动以便再次购买，同时低价单利于圈粉，利于真实回购，而且不用担心被骗，而高价单的买家一般都不愿意回购。例如，24.9 元的客单价圈粉率为 40%，愿意回购的买家数达到 20%，这些单都没有被查过，而这些优势都是高价单所没有的，所以卖家应该根据自己的情况灵活掌控。

1.2.4 人群标签与平台标签算法

1. 人群标签

淘宝的流量不是白来的，是淘宝慢慢积累和买过来的，淘宝还在不断地打广告买流量。淘宝希望最大限度地增加平台上的销售额，扶持转化率高的网店！给它更多的流量！只要人群标签准确，网店的转化率就高。

人群标签解释起来很简单，例如，我在手机淘宝或者电脑淘宝登录账号或者不登录账号的情况下，搜索一个词“T 恤”，在我的本机上显示的都是男士 T 恤，都是一个价位段的，在往下拉的“猜你喜欢”里面显示的是近期我浏览的商品，并且依据我的兴趣和爱好给予了推荐。这里折射出一个很重要的信息：IP 固定。淘宝是锁定你的 IP 和硬件设备的，读者可以看一看使用同一根网线的设备搜索的结果，如果有的人搜出来的有男 T 恤、女 T 恤，也有童装 T 恤，那么证明标签还没有打稳，你的 IP 标签还比较乱。图 1.6 表示了一个买家标签，当搜索“T 恤”这个关键词时出现的都是男装 T 恤。

人群标签、千人千面的作用是锁定你的购买意向，给你展示更多同类、同价格的商品，促进成交。

图 1.6

2. 淘宝小而美的本质——顺应平台标签算法

淘宝所做的一切都是提高转化率，所以说在淘宝开店，只要踩住了销售额和转化率两个节奏，推广方式就很简单了。淘宝在做标签，已经告诉我们应该怎么做了，那么我们应该怎么适应淘宝的节奏呢？答案是，我们要做出自己的店铺商品标签，即小而美。什么叫自己的小而美呢？

简单地说就是让自己全店的商品和人群相对应，让全店都具备同一种千人千面标签，以最大限度地提高转化率。以情侣装店铺为例，掌柜可以定位以下几点：①全店全放男士类目；②全店全放情侣装；③全店商品同价位段；④做出卖家推荐，关联销售。总结起来就是类目定位、价格定位、商品定位、关联销售 4 点，打出整个店铺的标签。试想一下，如果一个男性买家想买一套情侣装，但是他只有 100 元钱，所以他只会挑选 100 元钱的情侣装，当他进入你的店铺时，也许他不喜欢你的主推款，但是关联销售会把副推款都摆在他的眼前，那么就极大地提高了转化率，这就是做出自己的小而美。另外，关联销售的另一点好处是，当你花钱为 1 个商品买了 100 个流量，而你的店铺里有 11 款同类商品，那么假设这 100 个流量中有 10 个人去看了另外 10 个商品，叠加起来，就相当于你多买了 100 个流量，每个流量的购买成本就降低了一半。

如果你为全店的 11 个商品都购买了流量呢？是不是相当于做出了一个店铺的爆款群环绕？所以，在淘宝开店，推广技术固然重要，但并不是最重要的。最重要的是布局、思路、分析竞争对手、分析顾客这些最基本的内容。我们通过这样的手法、顺应淘宝标签的千人千面思路，做出自己的小而美，珍惜每一个流量，就已经赢在起跑线上了。

1.3　学会分析货源是否有爆款潜质

1.3.1　爆款货源判断依据

1. 是否能推广

我们可以参考大盘、生意参谋专业版和直通车的数据判断商品是否能推广。当一个款式匹配大盘类目、标题匹配词在生意参谋和直通车里面很有潜力的时候，这个款式就可以推广，甚至可以计算出能卖出多少单。以羽绒服为例，女装子类目羽绒服的行业大盘如图 1.7 所示，可以看出，符合羽绒服这个词的商品是绝对可以推广的。

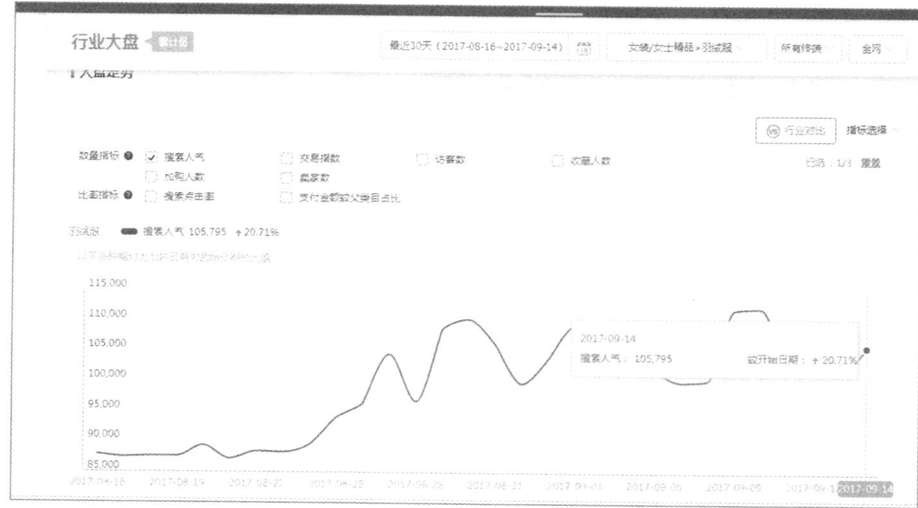

图 1.7

在生意参谋的“搜索词查询”中搜索“羽绒服”得到的页面如图 1.8 所示。

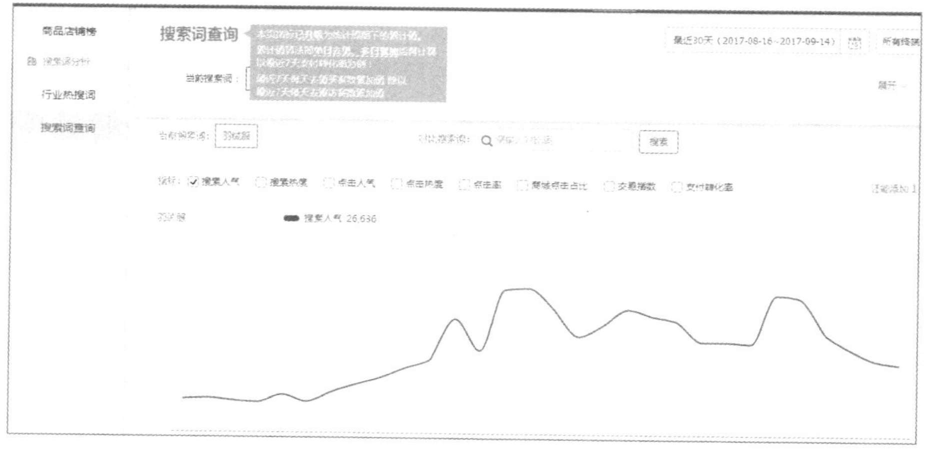

图 1.8

“羽绒服”关键词在直通车里的展现指数如图 1.9 所示。

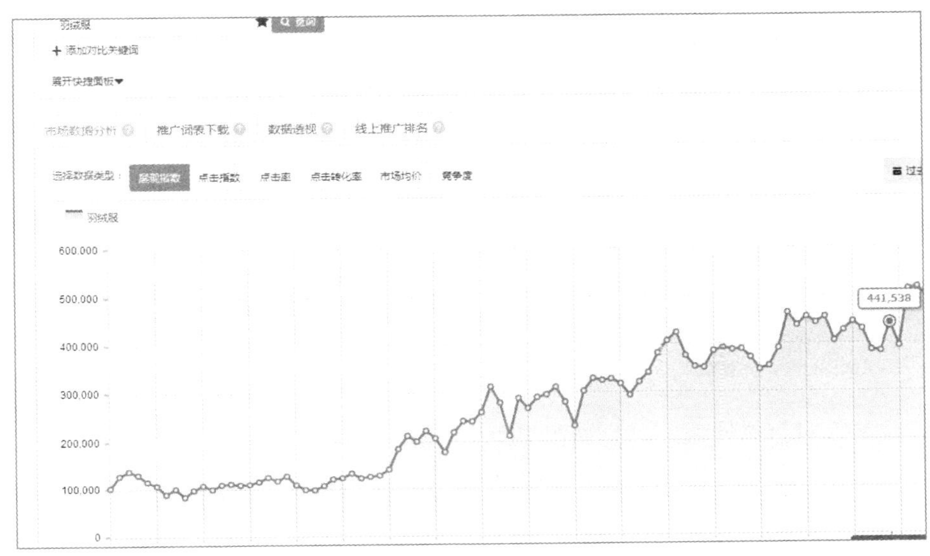

图 1.9

2. 是否能成为爆款

在阐述这个标准以前，我们先分析一下淘宝的爆款构成。爆款的指标阐述起来很简单，有的人说淘宝流量不好、不精准，我卖的衣服很好，但是有 100 个人来看也卖不出去一件。我可以负责任地告诉你，你错了，对于中小卖家或者地摊货来说，淘宝流量在所有互联网购物渠道中是最精准的，逛淘宝的人就是来购物的，这是阿里巴巴花了很多广告费养成的用户消费习惯。如果你销售的类目的行业转化率为 1%，那么你必须要适应行业转化率。如果你想做到转化率为 80%，而又卖高价，那只能在没有太多竞争的行业。在这个平台上，你的商品的转化率只要做到高于同行一点点，你的商品就可以成为爆款赚钱了。

买家进店都会产生浏览、收藏、加购、下单、回购、竞店比较等各种行为。每一个流量都不是机器带来的，都是真实消费者产生的，你的商品的主图、详情页、价格、评论都会对这些人产生影响，爆款公式如下：

公式 1：（收藏人数+加购人数）/流量>8%

公式 2：下单人数/进店流量>2.5%（参考商品是客单价为 59 元以上的夏款服装）

这些数据都可以从新版生意参谋的“转化看板”里看到，如图 1.10 所示。这里的案例是大盘已经下跌的女夏装。

图 1.10

这是针对自然搜索的，直通车里有一个主图点击率，这里不谈。

公式 1 和公式 2 适合大部分服装类目，但是不同类目的判断标准是有差异的，不能一概而论。如果有这个指标（当然要放大数据），那么你可以尽情地用各种方式推广，这个指标越大，爆款数据来得越猛烈。

上面分析了影响淘宝爆款的因素。爆款就是这么简单的，很多掌柜一来学习淘宝就研究如何做自然搜索、如何开直通车、如何降低 PPC（单次点击价格）等，其实我们可以换个角度思考一下，如果我们把货源选好了，把价格、商品质量、图片、详情页、评论这些非资金竞争因素做到位了，那么你的自然搜索或者直通车技术差一些又何妨呢？如果选对词或者上钻展，花一些资金推广就能产生爆款，那么何必还在每天苦苦琢磨所谓的技术。如果想在淘宝上长远发展，那么我们要从货源、广告费布局上解决淘宝稳定发展的问题，而不要一味地追求所谓的技术。

1.3.2 爆款的种类与引爆方案

1. 爆款的引爆

前面已经说过，淘宝爆款数据的最重要判断准则在于销售额和转化率。当一个商品的流量对应销售额，在新品上架 28 天扶持周期内转化率呈现上升趋势时，淘宝会给予你源源不断的流量。在流量涨起来以后，有以下两个趋势。

（1）流量下跌。假设一款商品的客单价为 100 元，在正常的情况下到第七天时销售 20 单，转化率为 20%；到第八天时手淘搜索引爆，在排位上升后，爆到

1000 个流量，此时不再进行人工干预，自然转化率下降到 5%，即 50 单，销售额为 5000 元，不满足自然搜索排序所需要的坑位产出及转化率要求，在第九天时给予 500 个流量，在第十天时给予 300 个流量。

（2）流量平稳。假设一款商品的客单价为 100 元，在非常规人为干预的情况下到第七天时销售 20 单，转化率为 20%；到第八天时手淘搜索引爆，在排位上升后，爆到 1000 个流量，此时不再进行人工干预，自然转化率下降到 10%，即 100 单，销售额为 10 000 元，满足自然搜索排序所需要的坑位产出及转化率要求，和自然搜索词前后坑位产出相似，在第九天时给予 1000 个流量，在第十天时给予 1100 个流量，流量慢慢平稳。

可以看到，自然排序要求和直通车一样，在于坑位产出和转化。但是和直通车不同的是，自然搜索既不看重点击率，又没有质量分，只要流量能带来转化，流量就会稳定，如果转化跟不上，流量就会下降。

2. 爆款的种类

（1）主爆款。很多直通车“大神”直接在直通车加大投入推广中意的好款式！有很多学员曾经和我说，只要在合适的时间节点（换季期）能把钱“烧”出去的款，就可以不用管技术，直接出高价，绝对能爆发很多自然流量，但是我不建议没有经验的新手效仿这种方式。综上所述，主爆款按照车费递增的方式周期递增推广，绝对能引爆自然流量。

（2）副爆款。纵观淘宝的类目款，有的款式可以成为爆款，并且数据能够稳住，但是前期用正常手段（如直通车、钻展等）不能推广到爆款位置上，就是用直通车永远推广不爆，但是可以用人工干预的手段推广到相应的位置，维持流量，这种方法可以引做副爆款。

淘宝的推广手段一定要和款式、商品结合。如果有的款你用直通车怎么推广都不爆，但是别人却能推广到爆款的位置，这时你就应该考虑一下别人的策略、人群和推广手段。

判断主爆款、副爆款和垃圾款的依据其实很简单，那就是淘宝是把最优秀的商品推荐给买家的，所以商品到底能不能爆，不是卖家说了算的，而是买家说了算的，由买家的行为决定，即买家进店以后的收藏、加购、购买、回购等行为。

这些指标直接影响一个款是否值得推广，而且这些指标也都是可以通过付费工具直通车测试出来的。当然，这些指标是受评论、销量、价格因素影响的，所以很多卖家都想尽办法消除差评，就是因为一个差评往往可以让一个款转化率大跌，当很多商品价格变动时，收藏、购买等各项指标都会急剧变动，有的商品价格变动 10 元，转化率就可能差一倍之多。

3．爆款布局

在秋冬款换季节点，从 8 月底开始，很多羽绒服等秋冬款开始亏本争夺市场，为的是在市场大盘涨起来之前提前占住好的排名，这些商家往往打出反季清仓的亏本噱头，先稳住排位和销量、挤掉对手，哪怕前期亏损，在大盘上涨以后涨价也能赚回来，这就是淘宝老卖家的战略性亏损。当然，不同类目的竞争方法不同，有的大类目竞争非常残酷，需要卖家实践操作获得经验。

很多卖家不会利用直通车对款式测试，在淘宝开店很迷茫。卖家要做到心中有数、稳扎稳打，要研究策略和打法，要与竞争对手相互争抢排名，但是这一切的前提是货源，卖家要理解平台的本质。

1.3.3 侦测竞争对手爆款的工具

侦测竞争对手爆款的工具有千里眼、魔镜、店侦探、电商记和淘宝客助手等。

对手爆款指数判断标准为对手商品的大致流量、成交量、商品排序位置、销量递增情况等。

1．千里眼、魔镜、店侦探

（1）流量：千里眼、魔镜、店侦探对在线人数抓取是非常精准的。卖家可以以自己店铺作为参考，根据自己店铺的流量预估对手店铺的流量（例如，假如你的店铺每小时的流量为 20 个，可以看到在线人数是多少）。

（2）看曝光词：千里眼、魔镜、店侦探可以更加精准地判断商品的展现词情况，并且店侦探和千里眼插件相对精准。店侦探、魔镜和千里眼的展现指数插件数据如图 1.11 所示。

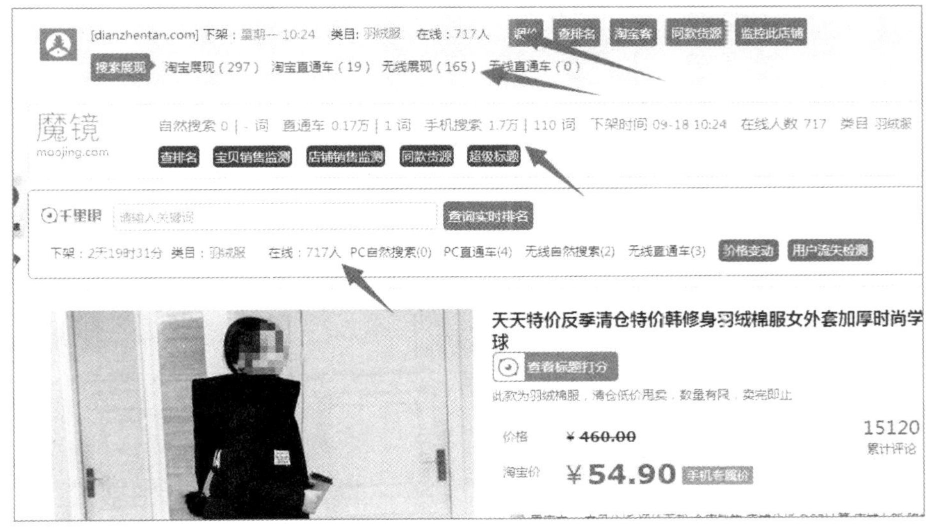

图 1.11

2．电商记

电商记中历史月销量这个指标比较精准，我们可以用作参考。

销量发展：可以用商品页面的月销量衡量销量发展，这个指标也可以参考电商记插件数据，如图 1.12 所示。

在插件中，店侦探可以抓取网页商品的自然搜索展现词和在线人数，因此新品、新店可以优先考虑使用店侦探。

前面讲过了爆款指标，这里我们用插件能看到一些竞争对手参数，如收藏人数、月销量。综合考察每日递增系数等指标，有利于我们模仿或者思考。

综合上述工具与前文公式 1 和公式 2，我们要做的竞争对手判断指标就是：

销量（页面指标和电商记截取的数据）/流量（魔镜、店侦探等工具截取的数据）=转化率

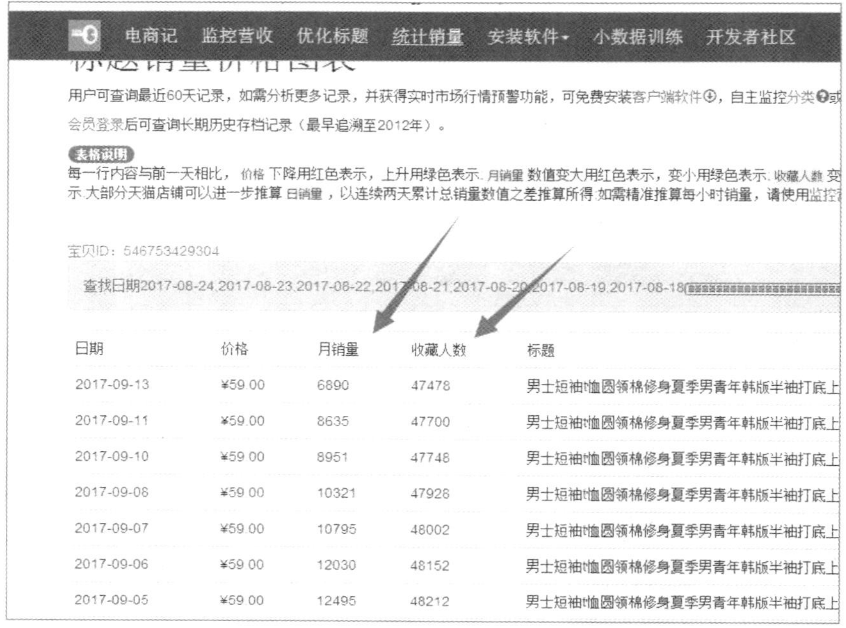
电商记 监控营收 优化标题 统计销量 安装软件▾ 小数据训练 开发者社区

用户可查询最近60天记录，如需分析更多记录，并获得实时市场行情预警功能，可免费安装客户端软件，自主监控分类或

会员登录后可查询长期历史存档记录（最早追溯至2012年）。

表格说明

每一行内容与前一天相比，价格 下降用红色表示，上升用绿色表示. 月销量 数值变大用红色表示，变小用绿色表示. 收藏人数 变

示.大部分天猫店铺可以进一步推算 日销量，以连续两天累计总销量数值之差推算所得.如需精准推算每小时销量，请使用监控

宝贝ID：546753429304

查找日期2017-08-24,2017-08-23,2017-08-22,2017-08-21,2017-08-20,2017-08-19,2017-08-18

日期	价格	月销量	收藏人数	标题
2017-09-13	¥59.00	6890	47478	男士短袖t恤圆领棉修身夏季男青年韩版半袖打底上
2017-09-11	¥59.00	8635	47700	男士短袖t恤圆领棉修身夏季男青年韩版半袖打底上
2017-09-10	¥59.00	8951	47748	男士短袖t恤圆领棉修身夏季男青年韩版半袖打底上
2017-09-08	¥59.00	10321	47928	男士短袖t恤圆领棉修身夏季男青年韩版半袖打底上
2017-09-07	¥59.00	10795	48002	男士短袖t恤圆领棉修身夏季男青年韩版半袖打底上
2017-09-06	¥59.00	12030	48152	男士短袖t恤圆领棉修身夏季男青年韩版半袖打底上
2017-09-05	¥59.00	12495	48212	男士短袖t恤圆领棉修身夏季男青年韩版半袖打底上

图 1.12

收藏次数（页面指标）/流量（魔镜、店侦探等工具截取的数据）=收藏加购百分比

这也是我们能看到的，我们可以通过这些指标粗略估计对手商品的爆款潜力，也可以看到我们的商品和别人的商品相比是不是具备优势，当然这由很多因素决定，不能一概而论。

3. 淘宝客助手

淘宝客助手只是用来观察是不是用淘宝客推广的，对有的低价类目有用。

当然，这些工具其实都不是很准的，只提供了一个参考，有时候差得很远。

1.4 货源选择误区

1.4.1 1688 上的商品到底能不能用

前面强调了店铺转化率、整个淘宝链条、爆款、主图、详情页、评论都非常

重要，但是 1688 的商品包括商品质量、图片等都掌握在别人手中，作为淘宝卖家的我们就非常被动。我们从直通车、钻展买来的每一个流量都是用真金白银买来的，流量的反馈（收藏、加购、下单、回购等）对我们经营店铺非常重要。当你的流量反馈来了时，你却不能改变它，有的时候你甚至连售后服务、发货时间都不能控制。卖家都知道在淘宝运营时一个细小的环节没有做好都会影响流量，如果由于别人的失误影响了你的店铺，那么这是非常痛苦的。如果你只能不断地挑选好的商品，而不能改进，那么你的淘宝店铺不会做得很大，这就是在淘宝上卖货的本质。

新手卖家到底能不能用 1688 开始淘宝之路呢？答案是肯定的。虽然大部分 1688 的商品不太好，但是只要会选，也会产生一些主爆款、副爆款。有的卖家还会自己买来商品拍图做详情页，卖爆的商品也非常多。但是，需要使用直通车测试商品的点击率和转化率，而不能盲目推广。一件代发适合初期练手，当你的日销量破百以后，你就可以发现售后服务和发货给你带来的 DSR 下降等麻烦，所以后期一定要掌握货源和做好品控。

1.4.2　能否一味追求高价或者低价

对于高价和低价的利弊，前文已经说得很清楚。新手卖家在选择货源时一定要注重性价比，对比同行的价格、考虑自己的利润，不要总想着 9.9 元冲量或者高价赚一笔是一笔。低价意味着劣质，要么你亏本，要么被劣质买家的打分和差评把转化率降低，而如果高价商品的价格和商品质量不相符不仅卖不掉商品，即使卖掉了商品也会导致退货。所以，一定要先定位好自己商品的标签和目标人群，再去发展。

1.4.3　新款多，每天上架新商品

在你的店铺还比较小的时候，切勿模仿大店铺经常上架新商品。对于一个没有流量的店铺，如果上架的都是 0 销量商品，那么直接后果就是影响动销率（每月每款商品必须有一个销量才不影响全店权重），而且大量上架新商品无法做到品

控和商品优化（如主图、标题、详情页、评论等），分散了掌柜的精力。正确的做法是集中力量找到一个好款，做爆它，再慢慢发展下一个。

1.4.4 不知道标签，店铺做成大杂烩

有的人误以为店铺做几千个商品能够引流，能够利用上下架加权重，但是如果你的店铺做成了大杂烩，什么商品都有，那么既违背了搜索引擎的标签原则、违背了主营占比原则，又违背了动销率原则。当买家来到你的店铺以后，他根本不知道在这里到底要买什么，不知道你的店铺到底靠不靠谱，最终带来的就是转化率低，而且也徒费劳力。

1.4.5 只挑选自己喜欢的

卖商品其实最重要的不是商品本身的好坏，而是商品的目标消费人群对商品是否认可。只有目标消费人群对商品认可了，在商品上架后目标人群的一系列行为（如点击、收藏、加购、转化）才能直接影响商品是否能够成为爆款。所以，对于初学者的建议就是，不要自己觉得这个款不错就上架开始猛推，一定要测试买家的喜爱度，参考流行趋势、价位段、同行情况等，最有效的手段其实还是用直通车测试。

1.5 1688 一件代发技巧

前文说了一件代发可以用，那么新手在一件代发中要注意哪些问题呢？

1.5.1 怎样在 1688 上找到好的货源

1688 类似于淘宝，但又和淘宝不完全一样，找出爆款货源也是由很多因素决定的。以羽绒服为例，除了成交额和综合排序之外，发货时间、退换货、实力商家、回头率，以及厂家的资质等方面对于淘宝卖家都是非常重要的，毕竟你是要赚钱的，要比在淘宝买东西的一般买家多费心思，1688 商家的情况如图 1.13 所示。

图 1.13

另外，建议下载淘货源插件，安装淘货源插件后会发现多出了淘利润、淘月销、淘零售利润等淘货源插件的选项，如图 1.14 所示。

图 1.14

如图 1.15 所示，在安装了淘资源插件后，在淘宝的详情页界面会出现 1688 店铺推荐。点击店铺后，出现如图 1.16 所示的“找货神器”，可以看到淘宝排行榜、淘宝同款、飙升榜等数据，方便找款。

图 1.15

图 1.16

这里需要注意“淘宝月销”和“淘宝销售”这两个数据，如图 1.17 所示。

对于第一个款式，有 371 家淘宝店铺销售，月销 20 310 件。对于第二个款式，有 8 家淘宝店铺销售，月销 12 689 件。综合对比，第一个款式的单店平均月销售量为 54.7 件，第二个款式的单店平均月销售量为 1586.1 件。在此基础上再综合判断价格和评论等其他因素。

图 1.17

1.5.2　深藏不露的爆款

在 1688 上运营的人都知道，1688 比淘宝好运营。你的货源、价格、款式只要有一方面有优势，即使不付费推广（1688 也有类似于直通车的付费工具，称为网销宝），也不愁淘宝卖家来进货，原因就是淘宝卖家选货比买家勤奋，很多人都会把 1688 的相关商品翻遍，因此你也需要这么做，有些 1688 商家的商品很好，在没有很多人代销的情况下如果被你发掘到了，那么你无异于发现了一座金矿。

1.5.3　关于与 1688 商家沟通

在找到款式后，一定要沟通！沟通！沟通！当一个新手卖家刚开始做一件代发时，一定要耐心地问清楚，对于这个款，别的渠道或者别人的淘宝店到底拿货多不多、卖得好不好、别人的店在哪里、商品质量怎么样、退货和售后情况、发货速度快不快等很多细节。一定要考虑得非常全面，但是当你这样问的时候，1688 商家一般是不耐烦的，因为每天问问题的人非常多。淘宝卖家一定要善于和 1688 商家沟通，如果 1688 商家太难打交道就要果断放弃。因为以后的发货、退货等一系列问题会产生很多矛盾，比如，在做特价活动时发货问题会让你的店铺动态评分（DSR）大幅下降。

在开始时淘宝卖家可以申请一个代理价，等量大了以后再和1688商家谈，不要一开始就纠结价格。当你的销量一天达到了十几单以上时，1688商家对你的态度就会产生很大改变，在我的1688测试店做爆了以后，每天从1688拍下、发货、退货等程序都需要花费很多时间，所以我们可以把子账号给1688商家，委托他们执行打单、发货，然后和他们统一结算。如果人手不够，那么可以损失一点利益，也可以把客服委托给1688商家（在前期推广爆款的时候最好不要这么做，前期尽量自己充当客服以提高转化率）。需要注意有时不要太计较几元钱，要和1688商家多聊天，你会发现一个好的1688商家将会是你的一个大财富，他会给你源源不断的爆款，给你一些同行类目的爆款信息，所以，合作才能把生意做大，你只需要把精力放在推广与优化。

1.5.4 关于商品质量、图片和详情页

在1688上不缺乏性价比高的商品，一定要先买一件，自己看看质量到底怎么样，看看商品细节，要考虑如果你是买家，那么定价是多少才不会退货。很多商品的主图都有问题，建议有条件的卖家买回来自己拍主图和写详情页面，并且如果以后买家想给你图评，但是他拍不好，你也可以自己拍照，发给买家一个好的图片，注重细节是很重要的。

在1688上找货是很有技巧的，比在淘宝上买东西难多了，新手卖家一定要多磨炼，慢慢选出心仪的商家和心仪的款式，在选多了以后就会发现，好的1688商家一般伴随着好款式，因为他们一直在用心做商品，我们自己也应该反思，在淘宝开店是不是也应该这样做呢？

在淘宝开店的方法很多，但是本质在于商品质量好。有的店铺靠一些爆款赚一笔就关店；有的店铺靠商品质量好，在淘宝平台引流，以老客户维护方式做长久；有的店铺靠店群活动赚钱；有的店铺靠淘宝客推广出一些销量再引流卖；有的店铺靠直通车推爆手淘搜索；有的店铺直接做手淘首页坑位产出；有的店铺靠

粉丝推爆；有的店铺靠与网红达人直播合作推爆；有的店铺本身就有粉丝，只把淘宝作为交易平台；有的店铺靠微商式的代理，只在淘宝交易；有的店铺只靠双十一、双十二提高销售额。在中国，大部分做网络生意的人都把交易集中于淘宝，所以有的模式是学不会也模仿不了的，新手卖家一定要踩准自己的节奏。

本章习题

1．中小卖家在淘宝卖货到底还有没有机会？

2．用一根网线能开很多店铺吗？为什么？

3．新手卖家应该怎样选类目？找什么样的货源？

4．学会做一个批量计划，看看是自己的直通车开得好还是批量计划的效果好？

5．你觉得自己在淘宝开店是卖高价商品还是卖低价商品？为什么？

6．什么是千人千面和小而美？

7．爆款的判断指标是什么？

8．1688 的商品到底能不能用？有没有爆款？

思考题

爆款货源是选款和在淘宝开店的第一步，你理解了吗？还纠结于淘宝运营只做推广吗？

第 2 章

商品上架后影响客户购买的因素

本章要点：

- 淘宝商品上架的相关事项
- 商品主图设计
- 商品详情页设计
- 商品评论管理

2.1　淘宝商品上架的相关事项

2.1.1　商品上架操作

在商品选好以后，就要上架了。我建议卖家在淘宝开店的时候把卖家中心后台和生意参谋后台的每个选项都点击一遍，看看到底这些选项有什么用，有的选项你可能从来没有用到过，但是当你点击了以后就会发现原来还有这个功能，这也是从“小白”进阶到“大神”的必由之路。

关于上架我只想说一点，千万不要放错类目！如果放错类目了，即使你的权重做得再高，那么搜索和首页展现也会受限。特别是在现在淘宝千人千面的情况下，如果放错类目，就会极大地影响商品的转化率，可以说一步错步步错，商品就此操作不起来了。卖家不要小看这个问题，对于有的商品，你是不会放错的，但是对于有的商品，你是拿捏不准的，一不小心就会放错类目，下面以“情侣装”为例，找到自己的商品所属类目，如图 2.1 所示。

图 2.1

在点击“快速找到类目”以后，我们最大的困惑是到底上架到男装还是上架到女装。我建议卖家参考自己的定位。对于情侣装，男性和女性都会买，那么我的商品是卖给男性的还是卖给女性的？

我们知道大部分女性类目的优点有流量大、直通车 PPC 较低，缺点有对价格敏感、售后服务多。反之，男性类目的优点有流量集中、价格不敏感、售后服务少，缺点有销售集中、竞价困难。这就需要根据商品的质量、价格、推广方案、费用决定上架的类目，一步都不能错。如果拿捏不准怎么办呢？很容易，在淘宝搜索你的商品关键词，用店侦探、千里眼查看同行类目的情况，以判断分析自己类目的选择是否正确，如图 2.2 所示。

图 2.2

寻找与你的商品的属性、价格、风格类似的商品，模仿它们放类目，像情侣装这种类目更灵活，可以刻意调价避开竞争对手，如图 2.3 和图 2.4 所示。

从图 2.3 和图 2.4 竞争对手类目分析中可以看到，对于同样一款商品，如果放在女装类目，那么必须定低价，优势是可以用低价直通车推起流量，同时购买压力小，而如果定高价则要放在男装类目，虽然男装类目的售价高，但是直通车压力比女装类目大得多。如果不用直通车是不是高价权重涨起来得更快？在上架商品之前必须要有这种思维，要根据商品定位消费者，优化图片、详情页、评论，适应千人千面规则，找到你最想要的消费者群体进行优化。

图 2.3

图 2.4

图 2.5 所示为酱板鸭商品的食品类目选择案例。

我们很难判断酱板鸭这个商品到底应该放在哪个类目。在我煮熟了一只鸭子后，我肯定要包装、发货给买家，那么它到底是零食还是特产肉类？

我们先打开淘宝搜索“酱板鸭”，并按照销量排序，如图 2.6 所示。

图 2.5

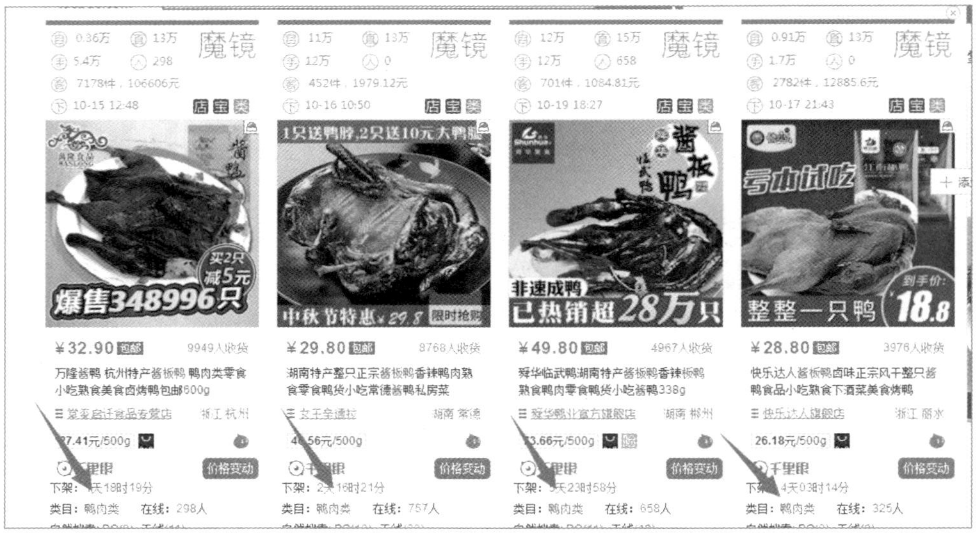

图 2.6

我们可以看到，排在前几位的都是鸭肉类零食类目，而且这个类目本身的流量并不大，如果你再放错类目，那么估计就没有流量了，所以只能放到鸭肉类零食类目。

找到自己的类目并不难，但是要根据市场竞争环境和自己的推广资金，灵活决定商品的定价与定位，遇事多思考。

2.1.2　商品详情页编辑提要

当找到类目以后，一定要注意在商品详情页编辑页面把所有的信息都填写完整。这是系统判定搜索匹配、千人千面首页匹配的依据！一定不要偷懒只写必填的信息，对于每个可能导致流量爆发的因素，我们都要在前期抓稳，这些都不要钱！详情页编辑页面如图 2.7 所示。

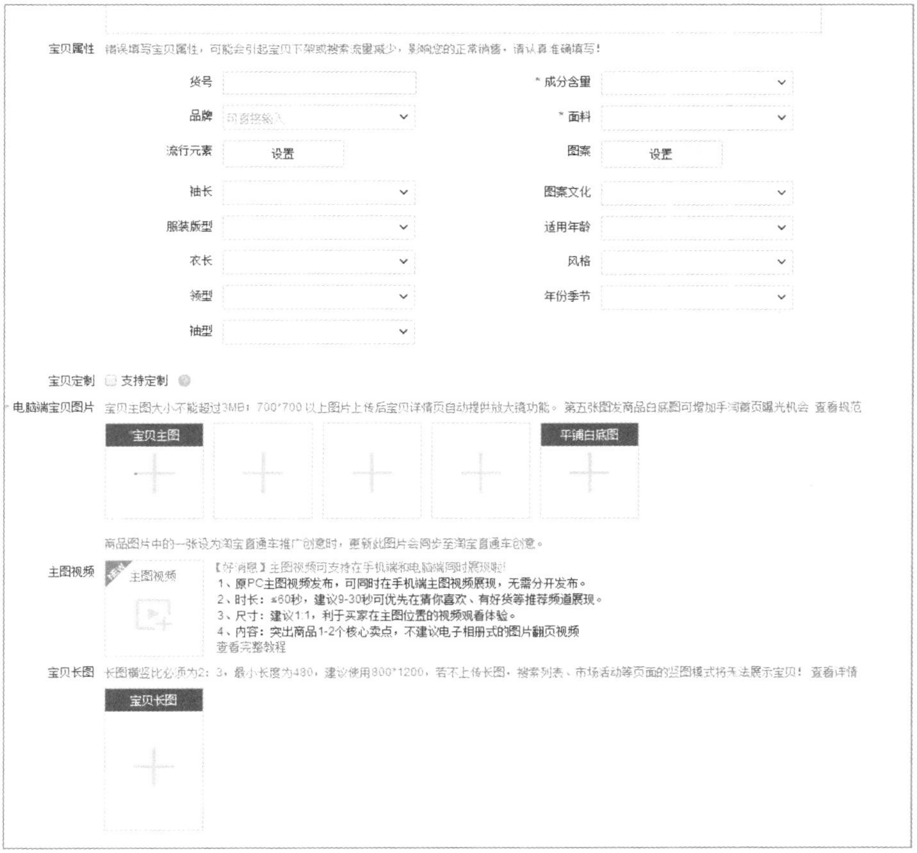

图 2.7

2.2 商品主图设计

主图的重要性不言而喻，一个好的主图，在淘宝算法上决定了商品的成功。①主图关系到点击率，点击率越高，实时排名越靠前。②主图的点击率关系到引进流量，淘宝系统给我们的只有曝光，主图做得越好，在同等条件下点击率越高，点击进来的流量越多。所以，那些做 1688 一件代发的卖家总抱怨自己的商品销售不好，很可能在最开始时商品排名靠后，客户看了很多同质化的主图，导致点击率下降，影响了流量以及转化率，导致商品难销售。

2.2.1 商品主图布局的要点

1. 商品优先表达

商品优先表达，顾名思义，就是要在主图上直接表达你要卖的商品，告诉买家你这个坑位是卖什么的，一定要和你的标题、买家搜索的关键词相契合！例如，当搜索关键词“七分裤女”时，搜索结果如图 2.8 所示。在 4 款商品主图中，第一幅图和第三幅图直接表达了商品，而第二幅图放大了商品场景化，增大了模特比例，缩小了裤型表达。当我们搜索相关商品时可以看到很多图都是直接表达商品的。

图 2.8

2. 商品诉求

结合对商品的描述和买家需求，商品诉求是买家在找标题描述的商品时的直接需求，如果商品标题是“哈伦裤女 2018 春夏薄款显瘦松紧腰日系法国亚麻百搭透气七分休闲裤”，那么当客户搜索“七分裤女 宽松 薄款”时，可以看到，出现的图 2.9 所示的这款商品主图契合了它的标题。

主图设计如果契合标题，不仅可以增加点击率，还能加大商品和店铺的千人千面标签价值，因此主图设计必须考虑你的人群的需求，作用是很大的。

3. 注意前后背景差异化

想要获得点击，必须将商品从背景中凸显出来。一般的做法是虚化背景，突出前景商品图，这种设计方案既表达了商品的应用环境，又进一步突出了前景商品，前景和背景的差异化展示如图 2.10 所示。

图 2.9

图 2.10

2.2.2 主图布局误区

1. 卖点罗列

在大类目中，想把商品所有的卖点都用文字凸显在主图上是错误的，考虑到淘宝买家对在淘宝购买商品已经有了认知，因此我们只能在大类目中凸显一到两个商品卖点，比如价格、质地等，主图显示的卖点情况如图 2.11 所示。如果凸显太多的商品卖点就相当于没有凸显，甚至有些只看款式和价位的类目（如女装）

可以完全不用凸显商品卖点于主图之上。

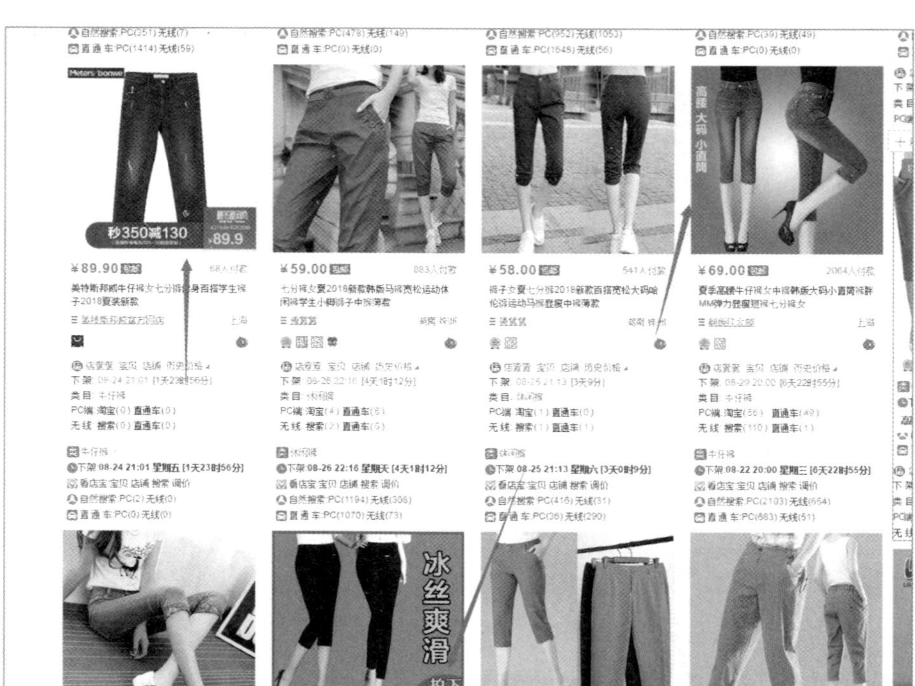

图 2.11

2. 商品表达过于直接，毫无点击欲望

有的卖家不知道应该怎么作图，但是如果直接用白底图表达商品卖点会让买家毫无点击欲望，转化率就会很低，如图 2.12 所示。

3. 商品表达不明确，混乱

如图 2.13 所示的这款妈妈装商品，虽然表达出了商品，但是可以明显看到商品颜色很凌乱，细节图和两款颜色主图以一大一小的方式直接表达在主图上，让人感觉主体十分混乱，商品诉求、商品卖点等表达不明确。

主图设计对比参考设计如下：

（1）参考销量和价位段，找出同行和你的商品属性一致的爆款商品。

（2）列出同行商品的优点与缺点。

（3）做出表格，统计爆款商品的优缺点，扬长避短，形成你自己的主图设计思路。

图 2.12

图 2.13

2.2.3 拍摄、作图思路

一个打算长期在淘宝开店的卖家一定要有对图片和拍摄的理解，本章一开始就讲到主图是影响点击率的重要因素。因此，卖家应该非常重视主图，在拍摄上，我们要明白以下几点。

1. 为什么产业带有爆款模特

当我们搜索一个商品的时候，可能会发现很多不同店铺的主图都是由一个模特拍摄的，这个模特就是产业带的爆款模特。由于好的模特拍摄的商品比较多，她在对商品的理解、表现、姿态等方面会非常突出，这些细节会影响点击率、页面停留时长、商品爆款概率和商品成败。图 2.14 为爆款模特的案例，我们可以打开爆款店铺查看。

图 2.14

在打开详情页后，我们会发现爆款模特的每个表情或者动作都比新模特自然，如图 2.15 所示，所以顾客对图片的点击量比新模特拍摄的图片大，转化率也高。

我们可以注意一个细节，新模特在拍摄时不自然，爱咬嘴唇，如图 2.16 所示，效果好坏由买家喜爱度决定。

图 2.15

图 2.16

2．拍图要问行家，要问同行

作为一个淘宝资深运营人员，你应该有一个小圈子，在现在淘宝竞争激烈的情况下，千万不要自己修图拍照，因为浪费的是后期的时间和推广费用。如果同行有爆款模特，那么你一定要让他推荐给你去拍照。如果你要修图，那么一定不要在网上找人修图，要去线下工作室，结合你的商品卖点和详情页设计，在拍照之中融合这些要素，在修图之中体现这些要素，要坐在设计师的电脑前，一点一点地向他解释，修改校正。新手卖家不要当甩手掌柜，必须一点一点地抠出细节。

2.2.4　怎样测试图片的好坏

在选择好图片以后，最重要的是考核主图的质量。这意味着我们一定要测图，很多新手卖家觉得，我的图片已经很好了，买家肯定也会觉得图片不错，其实这是最大的错误。我们一定要测图！

测图的方法很简单，步骤如下：

（1）直接设置直通车后台需要放置的所有创意图片，把标题关键字设置为一样的，把“创意类型”选择为“静态”，如图 2.17 所示。

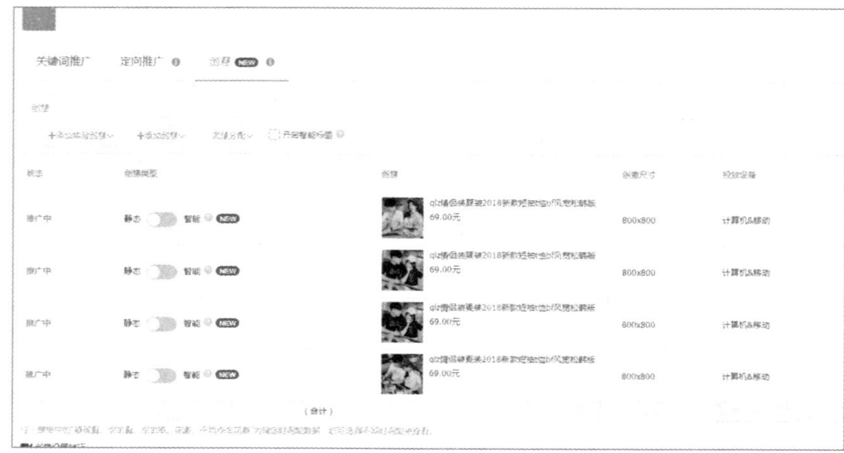

图 2.17

（2）把“流量分配”的“管理流量分配方式”选择为“轮播”，如图 2.18 所示。

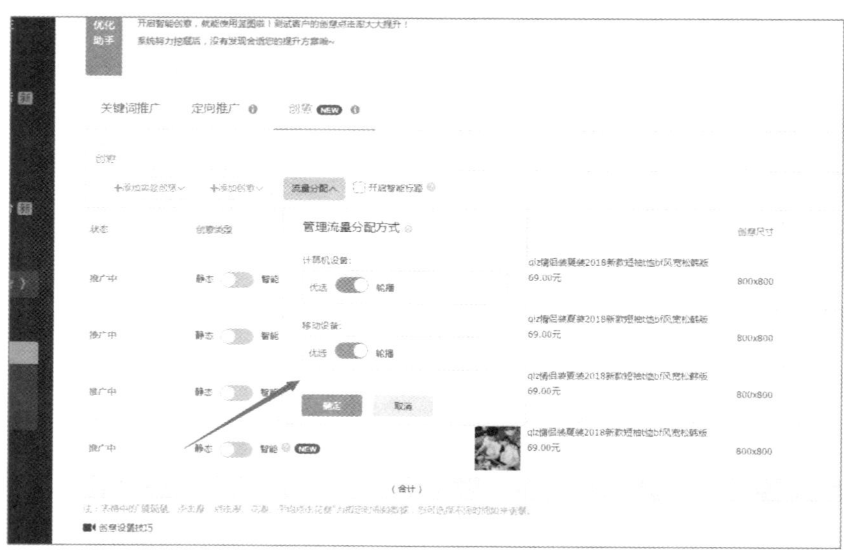

图 2.18

（3）综合考核点击率，优选点击率最高的图片，删除其余图片。

这就是直通车快速测图的思路，也是最有效的方法。

2.3 商品详情页设计

很多卖家不重视商品详情页，特别是很多新手卖家拿 1688 的商品代发。如果我们自己进行详情页设计，那么要怎么做呢？很多人认为应该有一个标准化的详情页设计思路，但是我觉得，任何类目的详情页设计思路都没有固定的流程，主要还是参考同类竞争同行的爆款详情页，以女装为例，可以参考株洲产业带第一旗舰店婳妖的几款商品详情页设计我们的女装大类目详情页，以手机端为例。

2.3.1 关联销售、优惠券

现在客户浏览的都是手机端商品详情页，我们肯定希望买家在浏览店铺的引流款或者推广款后，再浏览店铺里的其他商品，然后下单，所以在“淘宝神笔”模块的“详情装修”→“宝贝详情管理”中我们应该添加“卖家推荐”模块，如图 2.19 和图 2.20 所示。这是我们在前期必做的一项工作，很多卖家都是这样操作的。

图 2.19

如果我们想提高买家下单转化率或者让买家多购买商品，那么我们应当把“优惠券”模块放在“卖家推荐”模块之下显眼的位置，如图 2.20 所示。

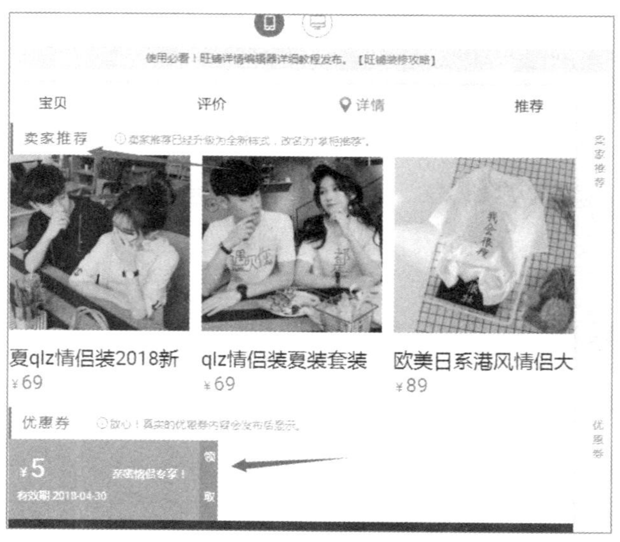

图 2.20

2.3.2 海报

如果店铺有运费险，那么就应该马上贴上海报，如图 2.21 所示，提高转化率！

图 2.21

服装海报要突出服装的整体感觉，勾起买家的购买兴趣，这应该是整个详情页设计中最重要的一环，切记要突出材质、特色、商品感觉。

比如，图 2.22 所示的海报突出了商品特色和卖点。在低价位段的商品中，款式是最重要的，因此树叶印花就是一个卖点。另外，商品的感觉也很重要，裙摆是商品的一种感觉，也作为突出卖点在海报中展示。对于商品感觉这种只可意会不可言传的设计来说，好的商品设计师必须积累多年才能达到。但是新手卖家利用模仿可以快速接近大卖家的水平，所以新手卖家要耐心琢磨每个大买家的爆款主图和详情页设计。

图 2.22

2.3.3　款式效果与款式细节

款式效果包括款式的尺寸、风格等，可以放置 2 ~ 3 屏，如图 2.23 所示。

款式细节可以放置 12 ~ 20 屏，某些女装商品的页面可以拖到最后一直都是款式细节，因为买家会用心浏览。如果把款式的模特上身效果放到款式细节之前，客户可能产生厌烦心理，不会继续看完款式效果再去查看款式细节，而如果客户在看完款式细节以后还可以继续浏览，那么客户已经对商品产生了购买意向，从而对款式效果是看不厌的，因为客户在观看的同时也在思考是否要购买。

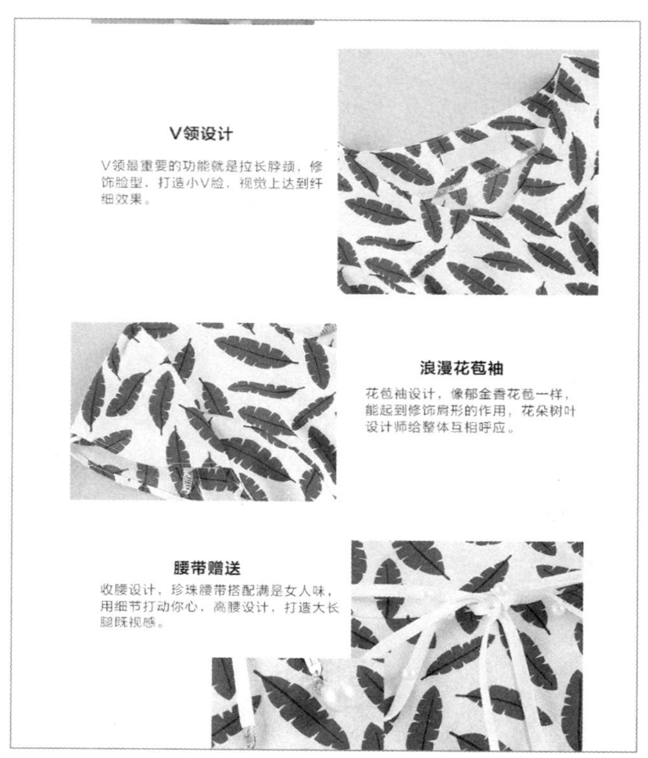

图 2.23

2.3.4 放心购物

要明确放心购物、快递、尺寸、色差、售后等，目的是让买家放心购买，如图 2.24 所示。

{放心购物}

放心购物	快递	尺寸	色差	售后
嫱妖旗舰店， 质量保证。 全店商品全部实拍。 七天无理由退换。	付款后72小时内发货， 预售除外，包邮快递为: 汇通和邮政小包， 要求发其他快递 请联系客服补差价， 港澳台、顺丰到付。	尺码请参照尺码表， 纯手工测量，难免 存在1~3cm的误差， 请谅解！	拍摄过程中不免有色差， 嫱妖会在后期修图调整， 但因显示器不同， 还是会存在色差的。	在天猫规定时间内， 未经穿着，水洗， 吊牌，赠品等配件 完整无缺， 可联系客服退换。

图 2.24

2.4 商品评论管理

在主图和详情页设计好以后，我们必须对用户的商品评论进行设计，这样才是一款完整的商品，才能进行搜索和直通车推广，如果没有买家的评论，那么客户进店以后，会没有信任感。你也不知道买家的购买感受会不会契合你的主图和详情页设计，这种结果是可怕的，就好像一个艺术品做成了，没有人捧场，导致没有人购买，转化率低，所以我们一定要把评论设计好，因为卖家心里最清楚商品的优点。

2.4.1 爆款评论文案设计

以前文说的树叶印花连衣裙为例，商品评论主要集中于质地描述是否真实、客户是否觉得物有所值、穿着体验等，同时要记住，客户是不会主动想到这么多评论细节的，卖家可以通过旺旺等工具与客户沟通，在客户心中留下以下的印象，以提高好评价值和增加复购率：

（1）商品描述：树叶印花连衣裙确实和图片一致，感觉很不同（颜色卖点）。

（2）物有所值：做工很好，价格合理，不褪色等。

（3）穿着体验：考虑客户年龄层，本商品修身显瘦。

（4）图评要点：要符合买家的习惯，一定要用手机拍摄！一定要用手机拍摄！一定要用手机拍摄！从商品描述、款式、穿着体验、质量等方面着手描述。

综上所述，我们总结的评论设计如图 2.25 所示。

对于淘宝老卖家来说，同行商品是不是正常的评论，一目了然，因为正常买家并不会这样夸奖商品，需要卖家自己在开始推广之前把商品的客户评论要点全部优化出来！

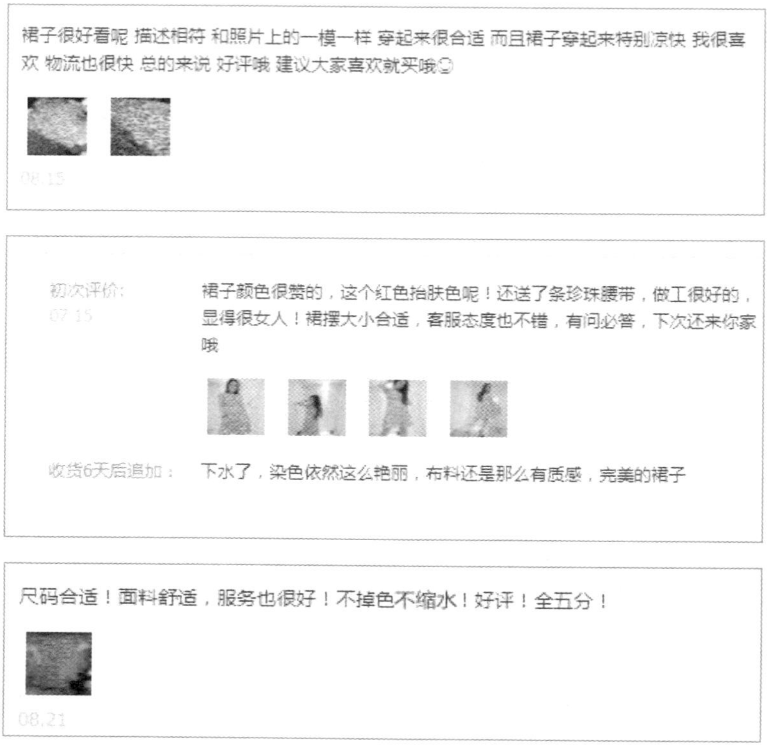

裙子很好看呢 描述相符 和照片上的一模一样 穿起来很合适 而且裙子穿起来特别凉快 我很喜欢 物流也很快 总的来说 好评哦 建议大家喜欢就买哦😊

 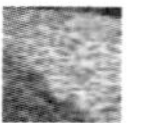

08.15

初次评价：
07.15

裙子颜色很赞的，这个红色抬肤色呢！还送了条珍珠腰带，做工很好的，显得很女人！裙摆大小合适，客服态度也不错，有问必答，下次还来你家哦

收货6天后追加：下水了，染色依然这么艳丽，布料还是那么有质感，完美的裙子

尺码合适！面料舒适，服务也很好！不掉色不缩水！好评！全五分！

08.21

图 2.25

2.4.2 评论

1．商品评论

有质量、有内容的评论最重要，评论其实就是一篇营销软文，每个买家进来都会看评论，好评可以刺激买家下单，买家是写不出来这样的评论的，要靠卖家自己写出来，再回访、维护客户，争取让客户写到评论里。总之，一定要想办法触达第一批买家（不局限于旺旺、电话与微信沟通），让他们写出质量最好的评论。评论既要有量，又要有质。卖家在每个有料的评论下面都可以写一些回复，这样形成买卖双方互动，给人的感觉非常好。对于中评和差评，我们可以维护好客户，请客户修改，如果客户实在不愿意改就要做出合理的解释。如果差评太多，那么肯定对商品销售有影响，这就是我常说的只有商品质量好才能卖得好。

图评和追评在评论中也是相当重要的，因为买家会重点看图评和追评，在图评和追评中最好有一些有料的软文和图片，图评相当于另一个详情页，不能修图，一定要真实，并与商品特点相匹配，比如母婴类商品图评中的图片最好为小孩拿着商品的图片，食品类商品图评中的图片最好为炒好的菜或者全家一起开心吃东西的图片，这些非常重要。另外，要注意有料的评论、有内容评论和没有内容评论的比例，要符合真实性，要让别人一看就知道是我们商品的真实情况，有料评论配图评最好在显眼的位置，评论图片如图 2.26 和图 2.27 所示。

图 2.26

2．试用报告

主打款里最好可以有试用报告，由于买家是免费得到的商品，因此一般来说，只要质量不太差，买家都会留下长篇的好评，这样可以增加后续进店买家的购买率。试用报告评论如图 2.28 所示。

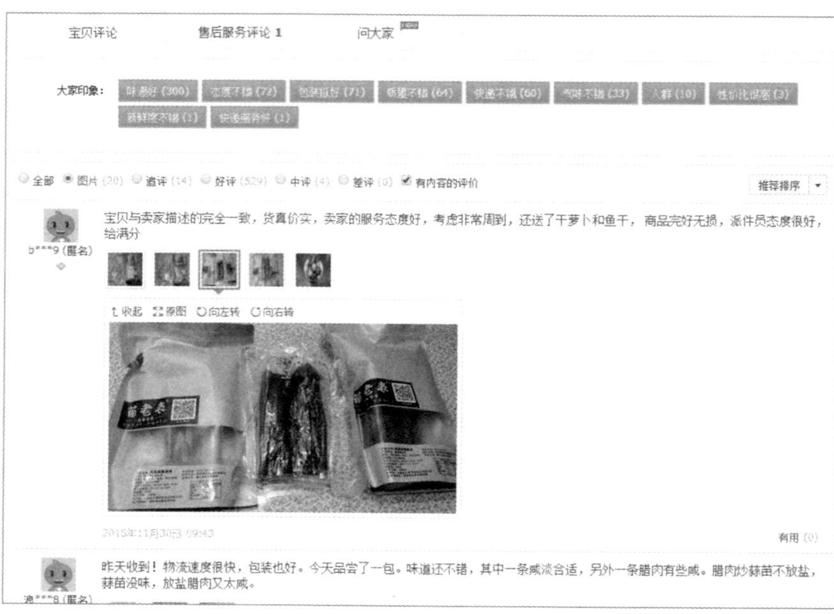
宝贝评论
售后服务评论 1
问大家
大家印象：
全部
图片 (20)
追评 (14)
好评 (529)
中评 (4)
差评 (0)
有内容的评价
推荐排序
宝贝与卖家描述的完全一致，货真价实，卖家的服务态度好，考虑非常周到，还送了干萝卜和鱼干，商品完好无损，派件员态度很好，给满分
收起
原图
向左转
向右转
有用 (0)
昨天收到！物流速度很快，包装也好。今天品尝了一包。味道还不错，其中一条咸淡合适，另外一条腊肉有些咸。腊肉炒蒜苗不放盐，蒜苗没味，放盐腊肉又太咸。

图 2.27

宝贝详情
累计评论 204
专享服务
加入购物车
全部
图片 (13)
追评 (7)
好评 (205)
中评 (0)
差评 (0)
试用报告 (21)
有内容的评价
推荐排序
陕西天蝎女，30-35岁，办公室职员，喜好水果和肉类，偏好川菜，湘菜，单位附近的湘菜馆是常客。第一次申请试用，很幸运，现在把试用过程分享给各位吃货们。陕西天蝎女，30-35岁，办公室职员，喜好水果和肉类，偏好川菜，湘菜，单位附近的湘菜馆是常客。第一次申请试用，很幸运，现在把试用过程分享给各位吃货们。这是腊肠的外包装，是牛皮纸的塑封袋，可以再次利用，利于保存，里面是抽真空的塑料袋...
星座:天秤;性别:女;喜好种类:零食;职业:白领;年龄:18-24岁;口味喜好:甜食;个性标签:小资 看起来不错吧~~~~特别的烟熏味，淡淡的辣味特别下饭，好吃~~~~ 优点：肥瘦相见~不像外面卖的有些很肥，烟熏味正宗，微辣，下饭特好 缺点：有点硬，有点难切，再改进下就好了 快递是纸盒装起来的，拆开来就是如图一个纸袋，粗粗一看这个香肠肥瘦相间，感觉还不错~我喜欢肉，也喜欢吃这种纯肉的东西，以前买也...

图 2.28

3．售后服务评论

这是淘宝新增的功能，是买家对卖家服务态度的判断，售后服务评论在全店显示，第二年才消除。如果有一个差的售后服务评论就麻烦了，卖家必须赶紧做出解释，可以优化出几个售后服务评论，但是不宜过多，三四条比较好。这个选项中还有店铺售后服务数据，一定要维护客户、引导客户做好！

4．问大家

这完全是买家和卖家互动，一定要抓住，只要商品质量过硬，做好客户维护，让客户写几屏都是没问题的。如果商品质量有问题，就不要联系客户写商品评论了，万一被写一个差的评论得不偿失。新店可以让客户多回答，但是要注意如果买家提问了，那么在其他买家回答的同时，卖家也要回答，这样才能形成互动。另外，对于旁边的“已赞”选项，要让认同你商品的老客户多点赞，证明你的商品人气旺，这里像论坛一样，别人才会跟风购买，评论设计如图 2.29 所示。

图 2.29

5. 中差评

中差评同样按照文案攻心评论做客户维护，甚至可以用好评把中差评顶下去，这也算一个小技巧。卖家可以自己查找与自己类目相关的案例。

本章详细总结了一款商品的上架、主图、详情页、评论等内容。只有做好每一个细节，你的后续推广才会很有底气，不会浪费每一分推广费用。但是要记住一点，你喜欢的、你觉得好的未必是买家和市场觉得好的。主图、详情页和评论都要根据类目随着市场与流行趋势的变化而变化。文案和转化没有最好，只有更好，卖家在花钱推广之前要用心做好每一个细节！

本章习题

1. 学会找到自己的商品类目。
2. 快速找到主图设计方法。
3. 快速学会详情页设计方案。
4. 为什么详情页的海报是最重要的？
5. 为什么每个商品在推广前第一步要做的是评论管理？
6. 自己拍的图片和款式是否合格？用什么方法测试？
7. 商品详情页的海报放卖家推荐商品的作用是什么？

思考题

1. 都说在淘宝开店就是卖图片，你认同这句话吗？
2. 图片影响转化率和点击率的说法对你有没有触动？

第 3 章

标题优化的详细方案

本章要点：

- 正确认识标题
- 标题权重
- 怎样选择合适的标题词
- 好标题的 2 个要点
- 商品标题优化的节点与策略

3.1 正确认识标题

很多人会问标题是写给机器看的还是写给人看的，我的回答是，肯定是写给人看的。

标题组成的一种分法为促销词+品牌词+属性词+主词。

在生意参谋、选词助手或者直通车后台中可以看到，人们的搜索习惯一般都是搜索他们想要的商品，即大部分为属性词+主词。比如，“连衣裙女”“新款雪纺连衣裙”这样的词，少数已经植入内心的品牌也会被人们搜索，比如，“韩都衣舍连衣裙”，但是大部分中小卖家，甚至大卖家都达不到韩都衣舍品牌的搜索体量。

人们搜索的是想买的商品的属性词+主词，看到的促销词是增加点击率和转化率的，品牌词是增加商品黏性和忠诚度的。这就决定了中小卖家标题选取和优化的方向：在确定主词后，我们要找的主要就是描述修饰主词的、避开竞争的、精准定位商品与人群的属性词。举例如下。

修饰主词的属性词：大码、雪纺、宽松。

定位人群的属性词：妈妈装、30 ~ 40 岁、产后、胖、mm。

避开竞争（区分你所有的对手）的属性词：胖 mm 休闲、妈妈装气质。

请记住，我们的竞争对手绝对不是全网的卖家，而是在某一个符合我们商品定位的细分长尾词领域的老大，所以标题会传达给买家一个最重要的概念词：契合度。以连衣裙为例，很多中国女性基本上每年都会购置衣服，但是每件衣服面向的人群不同，价位段不同，客户群体也不同，所以点击率和转化率就天差地别！试想一下，在目前千人千面的情况下，本来可以成为爆款的商品，但是因为标题写错了，描述不正确而导致搜索引擎不能把它正确推送给精准人群，最后导致点击率和转化率较同行天差地别。

3.2 标题权重

我们通常所说的淘宝中的权重，主要是指店铺权重、商品权重、直通车权重等，但是标题里的词是没有权重的。那么为什么在搜索标题的时候你的商品会排在前面呢？原因是你的商品权重足够高而已。例如，在标题“香港代购 2018 夏季新款修身气质蕾丝阔腿裤连衣裙韩版潮连体”中加上三个字“短裤女”。因为以前的商品标题中没有“短裤女”这个词，所以在搜索“短裤女”这个词时搜索不到这款商品，而在添加了“短裤女”这个词以后，只要商品权重足够高，那么搜索“短裤女”这个词，就会出现这款商品，由此可以认为商品权重带动了标题排名，标题排序高低只是商品权重的展现方式，标题分析案例如图 3.1 所示。

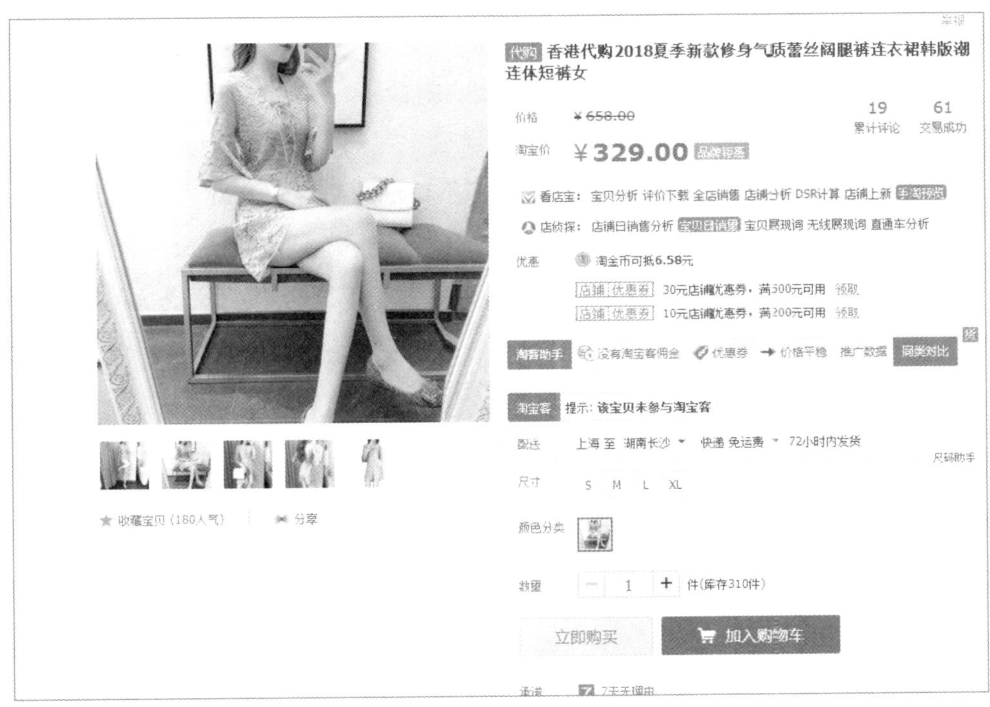

图 3.1

3.3　怎样选择合适的标题词

新手卖家对选词很头痛，不知道怎么选，有的卖家甚至直接照抄别人的标题。下面列举几种靠谱的选词方法。淘宝上的商品很多，如果我们要选择最优的标题，就一定要满足以下几个原则：高展现、高点击、相关度高、高转化、契合商品属性、低竞争。只有高展现、高点击的词才能带来大流量；相关度高、契合商品属性的词带来的流量精准，精准的大流量会带来高转化率，满足商品销量和转化率要求，直接提高自然流量；而低竞争的词则可以降低推广的成本，让自己的商品迅速排到首页，无论是直通车还是自然操作都是如此的。要满足以上的指标，可以采用以下几个方法。

3.3.1 利用淘宝下拉框、直通车下拉框选词

大部分买家使用淘宝下拉框和直通车下拉框搜索，关键词可以作为推荐展示出来，同时这也可以作为我们选词的一个渠道，我们去搜索核心词，从一级词到五六级词都有，越长尾的词越精准，直通车下拉框选词是同步淘宝数据的。PC 端淘宝下拉框、直通车下拉框、手机端淘宝下拉框的推荐词各有区别，卖家可以有针对性地综合选择。PC 端淘宝下拉框选词、直通车下拉框选词、手机端淘宝下拉框选词分别如图 3.2 ~ 图 3.4 所示。

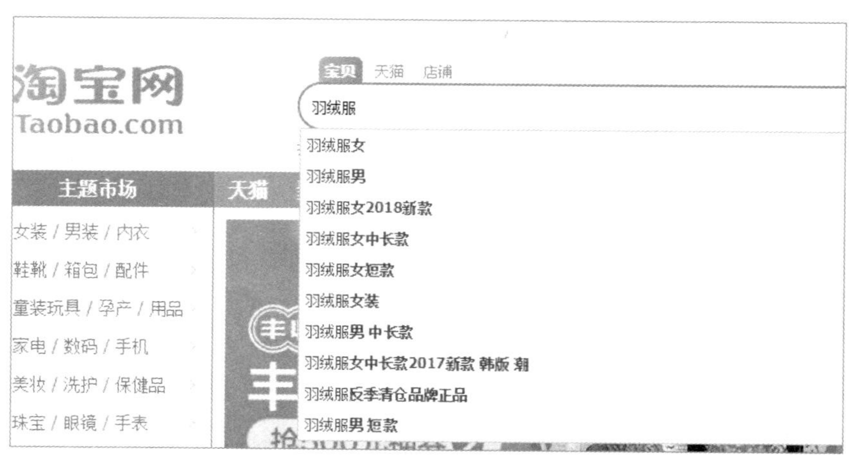

图 3.2

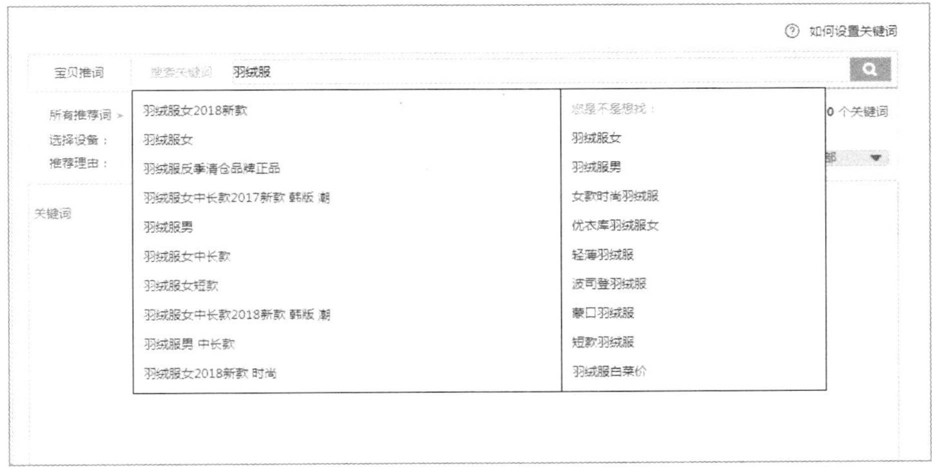

图 3.3

图 3.4

3.3.2　利用查排名网站选词

查排名网站也是一个选词网站，具备很多功能，比如精准淘词、下拉框选词、20W 词表。所有外站的工具和插件都是商业性质的，都不如淘宝官方数据精准，只能作为参考，同类型的网站还有很多。查排名网站如图 3.5 所示。

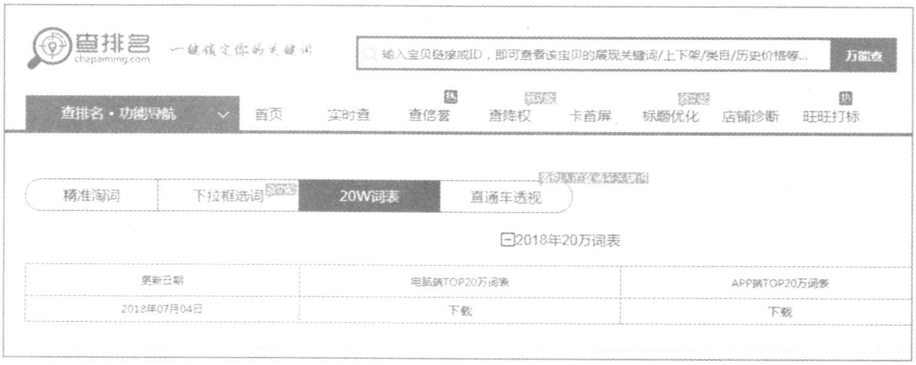

图 3.5

3.3.3 利用直通车选词

前面说了选词的原则是高展现、高点击、相关度高、高转化、契合商品属性、低竞争。因为直通车是付费工具，所以相对来说是最精准的关键词情况查询处。生意参谋的市场行情选词也比较精准，只是需要支付 900 元/年的年费。在淘宝功能中，付费的工具会比免费的工具好，直通车下拉框选词在前面已经介绍了，在直通车中也可以充分利用商品推词选词。

在直通车的添加关键词、筛选关键词里可以筛选推荐词，调整相关性、点击率、点击转化率、竞争指数、展现指数。直通车选词范围缩小前后词数量的变化分别如图 3.6 和图 3.7 所示，可以看到，筛选以后的词由 193 个变成了 157 个。这些词都符合我们的要求，即好词，完全可以用这些词做标题。直通车的潜力词、热搜词、飙升词和手机标都要利用好，这里就不再赘述。

此外，直通车有推广词表下载和数据透视的功能，分别如图 3.8 和图 3.9 所示。在推广词表下载中可以看到相关的展现指数、点击指数等。这也是一个选词的渠道，同时从数据透视中可以看到这个词的点击率、点击转化率等。直通车的所有关键词的点击率和转化率普遍比自然搜索的要低，但是也具备一定的参考价值，如果你的某个关键词点击率和转化率低于同行平均，那就可以放弃这个关键词了，当然这不属于选词的范畴，不再多说。

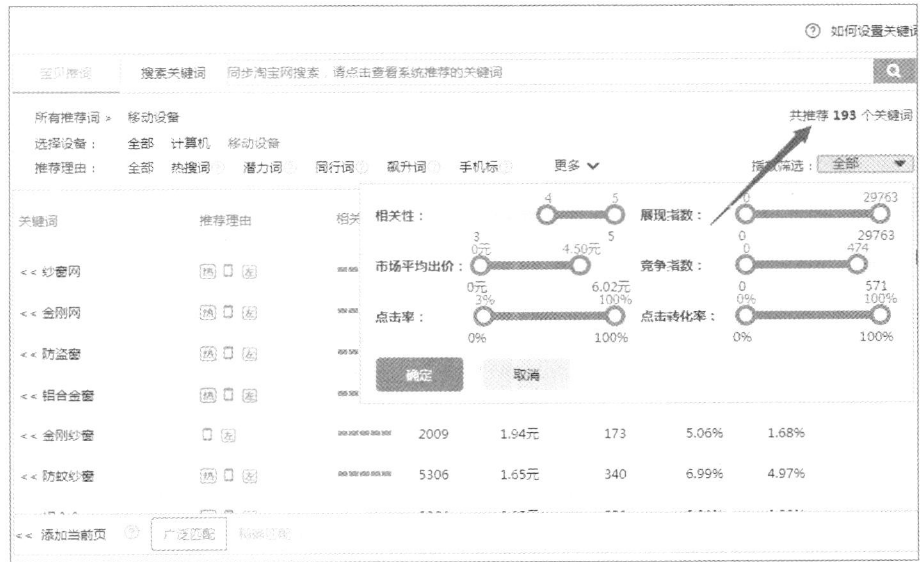

图 3.6

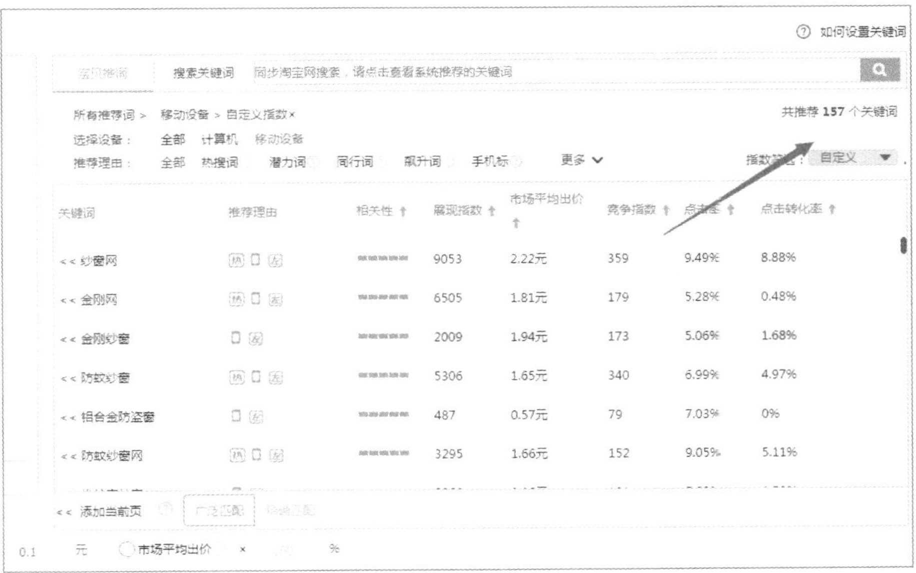

图 3.7

展开快捷面板▼

市场数据分析　推广词表下载　数据透视　线上推广排名

选择关键词：铝合金纱窗

相关词分析

	关键词（相关度↓）	展现指数↑	点击指数
1	铝配件合金纱窗	373	14
2	门窗铝合金	26,803	540
3	金刚纱窗网	15,060	536
4	铝窗花合金	793	23
5	纱窗	103,900	3,310
6	隐形纱窗	10,933	599
7	隐型纱窗	577	11
8	纱窗网	12,616	946

图 3.8

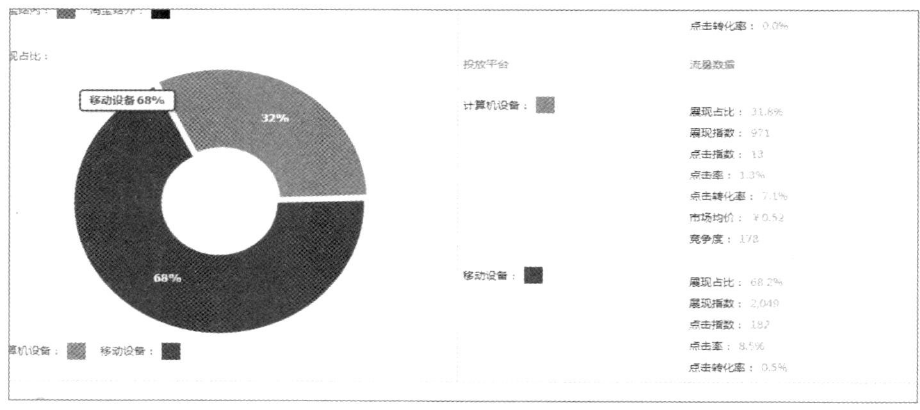

图 3.9

3.3.4 利用插件——店侦探、电商记选词

在淘宝的所有插件中，店侦探和电商记是使用人数最多的，卖家可以使用店侦探和电商记选词，比如看店侦探的同类目爆款的展现词，如图 3.10 所示。

图 3.10

如果卖家使用电商记选词，那么在点击商品以后可以看标题关键词解析、搜索选词方案和近期直通车选词，如图 3.11 所示。电商记也可以作为直通车选词的参考，但是前文说过，所有外站工具都是不精准的，只能作为参考。

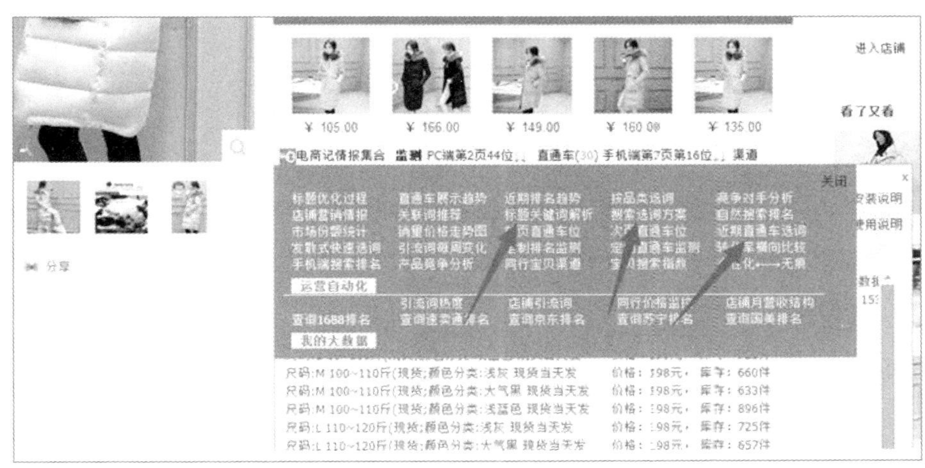

图 3.11

3.3.5 利用商品编辑页面选词

利用商品编辑页面选词同样也是选词的一种方式，如图 3.12 所示。因为你的商品的属性就是买商品的人的精准需求。以女包为例，这款女包的品牌、图案、风格等都可以作为标题词，甚至可以作为直通车的标题，这样直通车的相关性就会非常高，同时由这些关键词进来的流量转化率也会很高。

宝贝属性 错误填写宝贝属性，可能会引起宝贝下架或搜索流量减少，影响您的正常销售，请认真准确填写！

货号
品牌 可直接输入
厚薄 薄
服饰工艺 手工磨破
流行元素 铆钉
袖长 五分袖
裤长 七分裤
面料 设置
* 年份季节 设置
风格 通勤
通勤 韩版
图案 设置
大码女装分类 T恤
适用年龄 25-29周岁
服装款式细节 露背
组合形式 两件套
穿着方式 套头
服装版型 直筒
衣长 中长款
裙长 短裙
领型 POLO领
袖型 公主袖
衣门襟 拉链
裙型 蛋糕裙
成分含量 31%(含)-50%(含)
填充物 灰鸭绒71%-80%
牛仔面料盎司 6盎司(含)-8盎司(含)
克重 201g/m^2 (含)-250g/m^2 (含)

图 3.12

3.3.6 利用生意参谋自主取词

生意参谋是数据分析和商品分析的利器，在选词上也有优势。在生意参谋的选词助手中有行业相关搜索词，可以利用行业相关搜索词选词，如图 3.13 所示。

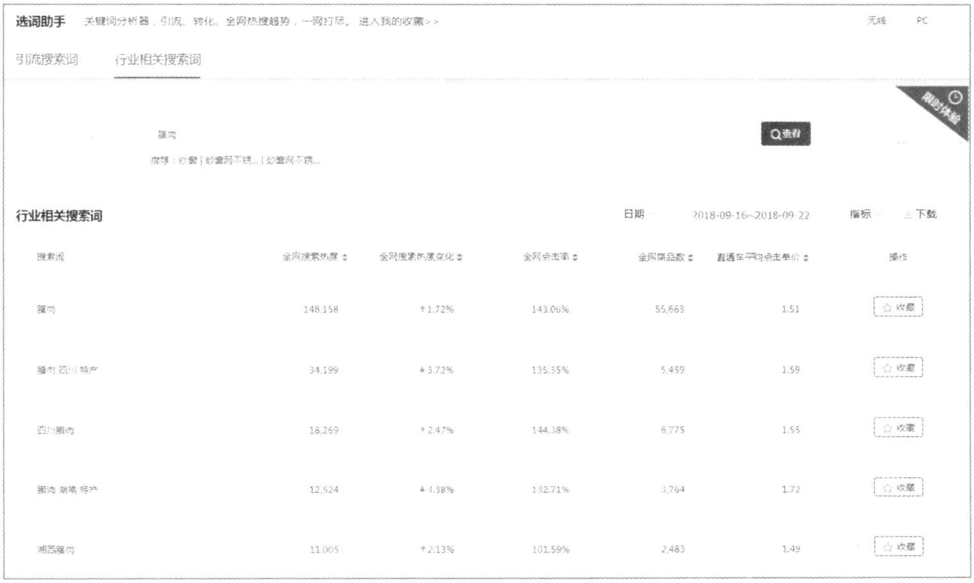

选词助手　关键词分析器，引流、转化、全网热搜趋势，一网打尽。进入我的收藏>>　无线　PC

引流搜索词　行业相关搜索词

腊肉　Q查看　限时体验

行业相关搜索词　日期　2018-09-16~2018-09-22　指标　下载

搜索词	全网搜索热度	全网搜索热度变化	全网点击率	全网商品数	直通车平均点击单价	操作
腊肉	148,158	↑1.72%	143.06%	55,663	1.51	收藏
腊肉 四川 特产	34,199	↓3.72%	135.35%	5,459	1.59	收藏
四川腊肉	18,269	↑2.47%	144.38%	6,775	1.55	收藏
腊肉 湖南 特产	12,524	↓3.38%	132.71%	3,764	1.72	收藏
湘西腊肉	11,005	↑2.13%	101.59%	2,483	1.49	收藏

图 3.13

3.4　好标题的 2 个要点

好标题应该有以下 2 个要点，依据重要程度排序如下。

3.4.1　标题和商品的契合度

我认为这是一个爆款标题最重要的内容，很多卖家一味追求展现多的大词或者出价低、竞争小的“神词”。但是现在淘宝流量千人千面，转化率普遍不高，我认为首先应该反复琢磨自己的商品，我们的商品属性适合什么样的表现词，把这些属性填写到标题中，进一步通过数据化分析来斧正优化自己的标题，主次和本末千万不能倒置。

以图 3.14 所示的连衣裙为例，综合分析、研究自己商品的属性，我们可以在商品组合形式、腰型、图案、裙长、领型、通勤面料等方面下功夫。把最想表达给卖家的商品卖点列出来，组合成初始标题，再进行优化改进。比如，对于这款连衣裙商品，我们可以根据属性、颜色等商品卖点初步写为“2018 夏季粉红色纯色韩版单件蕾丝短裙宽松腰 polo 领 A 字裙”。根据商品卖点列出来的标题，虽然要进行下一步的优化，但是基本上契合了属性。

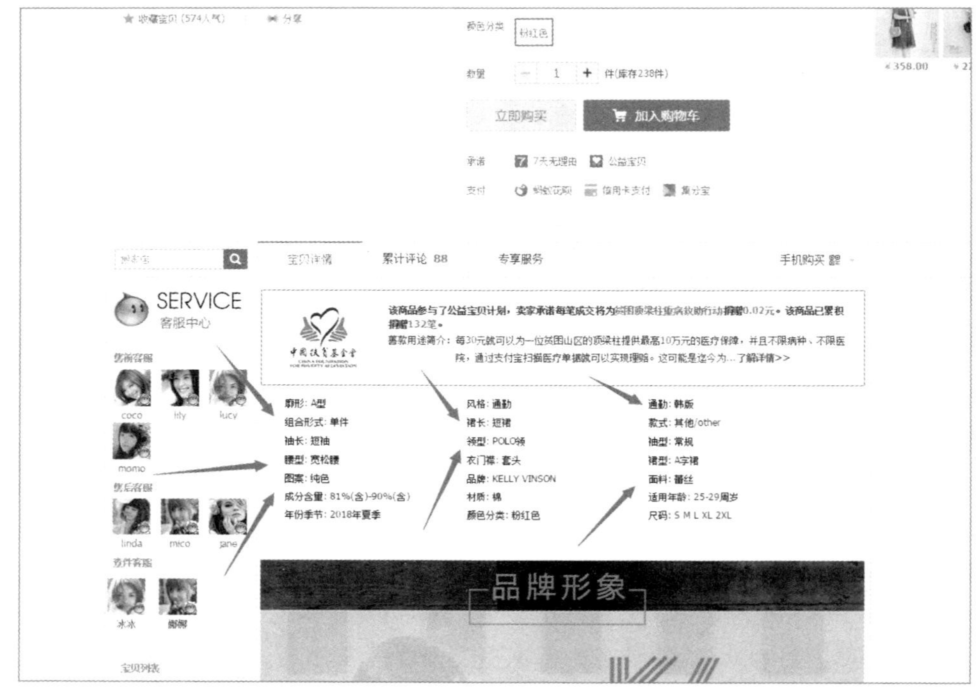

图 3.14

3.4.2 标题和搜索市场的契合度

小卖家可以利用生意参谋标准版和直通车选词。

还以连衣裙为例，在依据商品的契合度选出标题后，我们需要优化它。标题是在淘宝平台上引流的渠道，我们需要标题引进来最精准、最多的流量，下面介绍优化标题。

1. 扩大流量

标题是用来引流的，前文中标题的一个主词对于大类目来说可能显得不够，在不影响商品契合度的情况下，可以加大流量来源。加大流量来源最好的方案就是增加主词个数，因为标题中一般有长尾词，如果在主词数量更多的情况下，引流效果其实是更好的，以连衣裙为例。

从图 3.15 所示的市场行情“相关搜索词”中可以看到、连衣裙大词的搜索人气、搜索热度都是很高的，如果商品契合，那么完全可以放到标题之中。

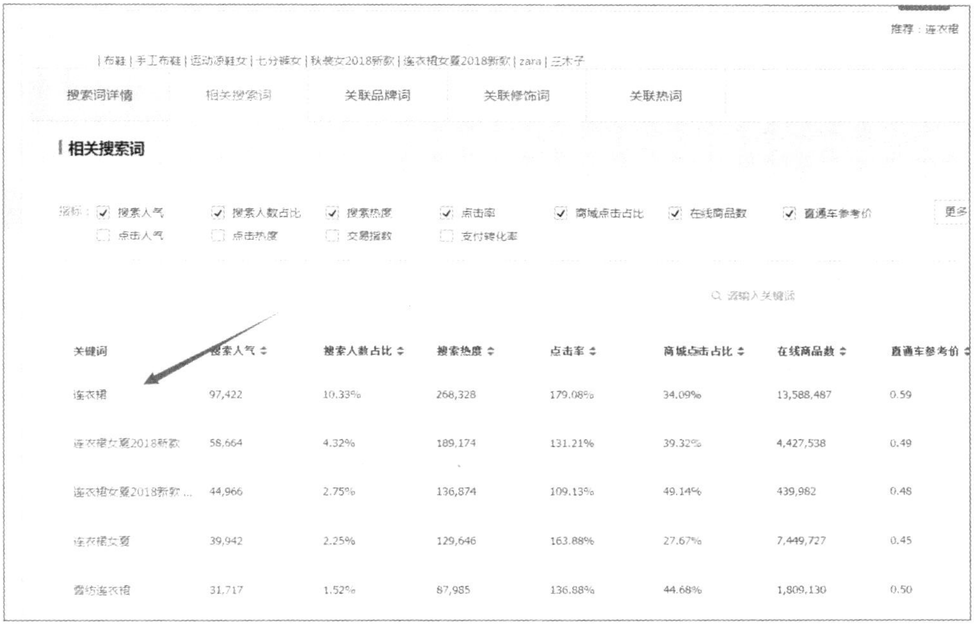

推荐：连衣裙

| 布鞋 | 手工布鞋 | 运动凉鞋女 | 七分裤女 | 秋装女2018新款 | 连衣裙女夏2018新款 | zara | 三木子

搜索词详情　相关搜索词　关联品牌词　关联修饰词　关联热词

相关搜索词

指标：☑ 搜索人气　☑ 搜索人数占比　☑ 搜索热度　☑ 点击率　☑ 商城点击占比　☑ 在线商品数　☑ 直通车参考价　更多
☐ 点击人气　☐ 点击热度　☐ 交易指数　☐ 支付转化率

请输入关键词

关键词	搜索人气	搜索人数占比	搜索热度	点击率	商城点击占比	在线商品数	直通车参考价
连衣裙	97,422	10.33%	268,328	179.08%	34.09%	13,588,487	0.59
连衣裙女夏2018新款	58,664	4.32%	189,174	131.21%	39.32%	4,427,538	0.49
连衣裙女夏2018新款 ...	44,966	2.75%	136,874	109.13%	49.14%	439,982	0.48
连衣裙女夏	39,942	2.25%	129,646	163.88%	27.67%	7,449,727	0.45
雪纺连衣裙	31,717	1.52%	87,985	136.88%	44.68%	1,809,130	0.50

图 3.15

2. 找到精准相关词

卖家可以使用生意参谋中的“相关搜索词”选词，如图 3.16 所示，也可以使用直通车搜索关键词中的“相关性”找词，如图 3.17 所示。

可以看到，这些商品推荐词的相关关键词的点击率、竞争指数、点击转化率在直通车系统中都有参考。

没有选词思路的卖家也可以先根据选词下拉框找到相关契合词，如图 3.18 所示，再通过生意参谋或者直通车查询词的相关属性。标签词的选择尤为重要，比如，男、女这些标签词在市场契合度上尤为重要。

相关搜索词

指标：☑ 搜索人气 ☑ 搜索人数占比 ☑ 搜索热度 ☑ 点击率 ☑ 商城点击占比 ☑ 在线商品数 ☑ 直通车参考价
☐ 点击人气 ☐ 点击热度 ☐ 交易指数 ☐ 支付转化率

请输入关键词

关键词	搜索人气	搜索人数占比	搜索热度	点击率	商城点击占比	在线商品数
连衣裙	97,422	10.33%	268,328	179.08%	34.09%	13,588,487
连衣裙女夏2018新款	58,664	4.32%	189,174	131.21%	39.32%	4,427,538
连衣裙女夏2018新款 ...	44,966	2.75%	136,874	109.13%	49.14%	439,982
连衣裙女夏	39,942	2.25%	129,646	163.88%	27.67%	7,449,727
雪纺连衣裙	31,717	1.52%	87,985	136.88%	44.68%	1,809,130
连衣裙女	25,017	1.02%	79,510	165.64%	25.80%	9,216,089
真丝连衣裙	24,896	1.01%	66,499	171.62%	41.54%	529,978
连衣裙女夏2017新款	23,754	0.94%	47,745	83.18%	38.23%	216,597
初恋裙复古连衣裙	23,146	0.90%	55,334	136.67%	28.96%	61,291
蕾丝连衣裙	22,369	0.85%	60,249	143.12%	42.48%	1,570,859
孕妇连衣裙	22,354	0.85%	70,367	150.90%	37.78%	705,736

图 3.16

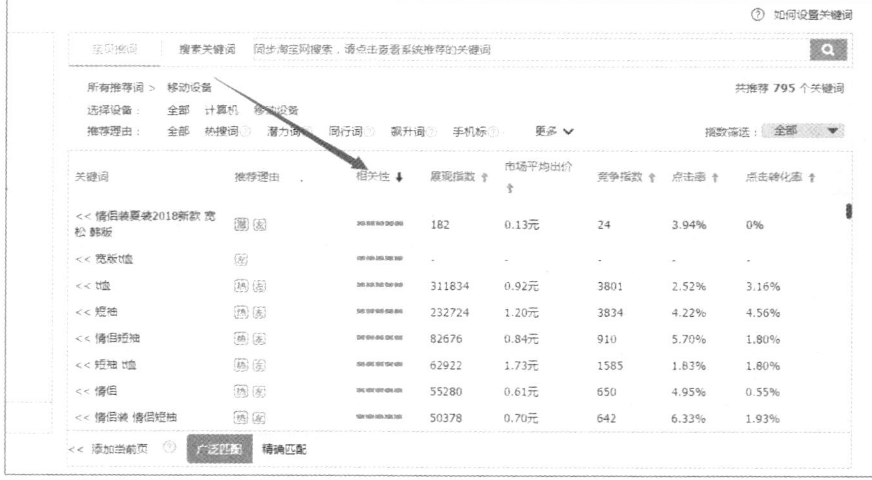
如何设置关键词

宝贝推词　搜索关键词　同步淘宝网搜索，请点击查看系统推荐的关键词

所有推荐词 > 移动设备　　共推荐 795 个关键词
选择设备：全部 计算机 移动设备
推荐理由：全部 热搜词 潜力词 同行词 飙升词 手机标 更多　　指数筛选：全部

关键词	推荐理由	相关性	展现指数	市场平均出价	竞争指数	点击率	点击转化率
<< 情侣装夏装2018新款 宽松 韩版	潜 广		182	0.13元	24	3.94%	0%
<< 宽版t恤	广		-	-	-	-	-
<< t恤	热 广		311834	0.92元	3801	2.52%	3.16%
<< 短袖	热 广		232724	1.20元	3834	4.22%	4.56%
<< 情侣短袖	热 广		82676	0.84元	910	5.70%	1.80%
<< 短袖 t恤	热 广		62922	1.73元	1585	1.83%	1.80%
<< 情侣	热 广		55280	0.61元	650	4.95%	0.55%
<< 情侣装 情侣短袖	热 广		50378	0.70元	642	6.33%	1.93%

<< 添加当前页　广泛匹配　精确匹配

图 3.17

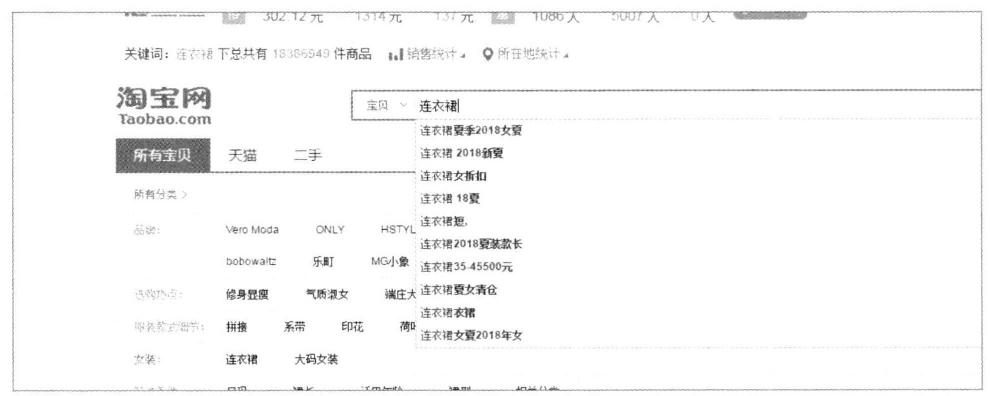

图 3.18

卖家要综合下拉框的热词，寻找长尾词属性，进而通过生意参谋或直通车确定契合自己商品的长尾词。

3．标题对市场竞争的规避

很多新手卖家不知道怎么选词，往往会照抄同行爆款的标题词，下面讲述照抄标题词的危害。

例如，我们卖连衣裙，但是不知道怎么组词，这时大部分新手卖家习惯搜索一个连衣裙主词，然后按销量排序，结果如图 3.19 所示。

图 3.19

如果你的商品是碎花连衣裙，你可能会照抄这个标题，那么你就失误了，为什么呢？我们下面详细分析。

爆款标题为“2018 夏季新款韩版短款绵绸连衣裙女士人造绵碎花学生绵绸收腰裙子”。

按照客户的搜索习惯，标题可以分解为“2018 韩版连衣裙”“收腰裙子学生”“连衣裙短裤”“碎花学生连衣裙”等。

如果你的商品属性和这款商品完全一样，而你又照抄标题，那么会出现怎样的后果呢？

后果是你们两款商品的所有长尾词、精准词、大词都完全一样，由于他的权重比你的权重高，所以在客户搜索这些词时出现的所有商品中对方的竞品都在你的商品的前面！

这当然是我们不想看到的，如果我们换一个描述属性词呢？例如，将“学生”修改为“女性”，则标题为“2018 夏季新款韩版短款绵绸连衣裙女士人造绵碎花女性绵绸收腰裙子”。

那么我们的标题长尾词组合就有很多不一样的可能性。在搜索时的不同点如下：

对比 1：新款韩版学生连衣裙、新款韩版女性连衣裙。

对比 2：2018 夏收腰裙子学生、2018 夏收腰裙子女性。

对比 3：人造绵碎花学生连衣裙、人造绵碎花女性连衣裙。

这样的对比词改变还有很多，我们可以看到，一个标题与爆款标题对比，哪怕只改动了一个字，组合也会有无数种可能，最重要的是，每个可能的组合标题都避开了与爆款标题竞争！并不是爆款标题不好，只是我们在商品上架初期必须避开与爆款标题的同质化竞争。

小类目的标题并没有这么多讲究，以我以前做的腊肉商品为例，如图 3.20 所示。腊肉这个小类目词的标题组合只有很少的几种，直接抢大词排名即可。根据以前的测试，腊肉展现与熏肉完全不同，而腊肉和熏肉这两个词的点击转化率差距非常大。

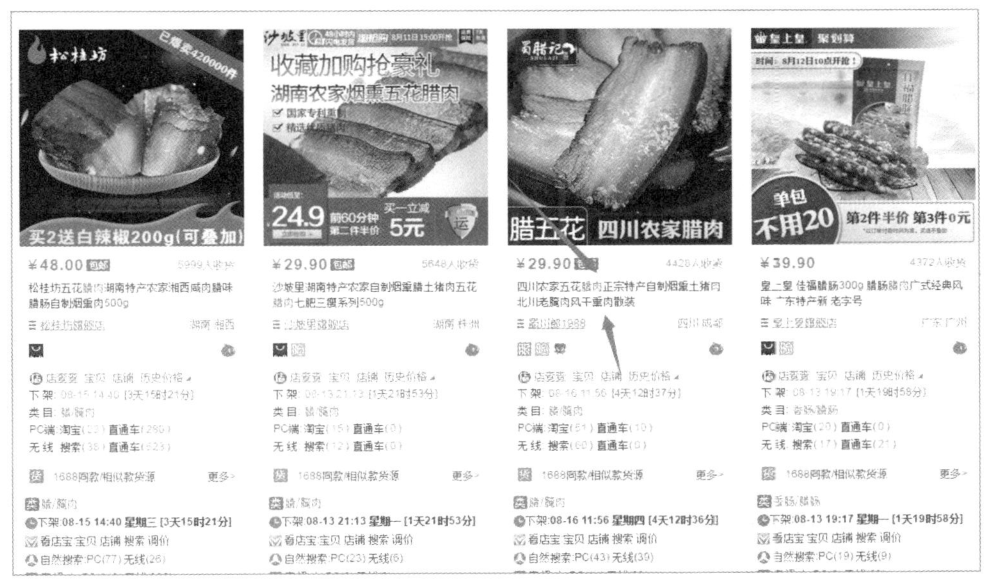

图 3.20

4．一个商品用不同标题铺货

很多人经常看到，有的卖家（特别是大类目）的一个商品会用两个标题表现，而且每个标题的流量和权重都很高。这种表现是针对大类目的，商品标题最多用 30 个汉字当引流词，当精准表现词不足以用 30 个汉字涵盖的时候，可以用两个类似的爆款上架以增加展现曝光，从图 3.21 中可以看出，两款商品基本相同，但是用了不同的标题：“格子衬衫男长袖韩版潮牌学生港风薄款红黑白 ins 超火外套宽松 bf 潮”和“长款网红同款 ins 超火 bf 格子衬衫男潮长袖韩版潮牌学生港风 ulzzang”。

这也是在找到爆款以后，用一个爆款争夺流量的操作手法．很可能一个爆款会引爆两款引流词，从而达到倍增的效果。卖家在具体操作过程中可以采用这种手法。

格子衬衫男长袖韩版潮牌学生港风薄款红黑白ins超火外套宽松bf潮

¥98.00 已售：13件

评论(1)

长款网红同款ins超火bf格子衬衫男潮长袖韩版潮牌学生港风ulzzang

¥49.90 ~~¥98.00~~ 已售：13件

评论(0)

图 3.21

3.5 商品标题优化的节点与策略

很多人不知道标题应该在什么时候优化、为什么优化，难道只是为了优化而优化吗？其实依据销售额和销售量，一个商品的销售过程可分为新品期、成长期、爆款期等。我们必须要根据商品每个阶段的不同属性对标题进行优化。

1．在新品期时尽量避免大词竞争

在新品期时，我们要尽量避免大词竞争。原因很简单，不管我们怎么折腾，我们的商品的权重和搜索排序始终会比爆款低，比如，我们去争全标题或者去争爆款大词可能会得到很差的效果。所以，在新品期我们应该找到自己商品的契合词，尽量避免关键词竞争。比如，前文的商品要避免“短裙”“连衣裙”的大词竞争，尽量在新品期找到自己的差异词，如“蕾丝 A 字裙”，以此作为拓展。

2．在成长期时增加热搜词占比

以 59 元女裤为例，当商品达到月销量 500 个左右的时候，大概就进入了成长期。对成长期的商品进行标题优化，我们可以加上一些热搜词、增加竞争稍微大的词的比例，再用契合度更高的精准词配合。没有固定的找词步骤，要根据自己的类目进行实操。

3．在爆款期时找大词，增强竞争力

以 59 元女裤为例，当商品月销量近千个的时候，我们就可以尽量拓展引流词，因为商品权重已经很高，可以在大词上抢占流量和排名，因此应该尽量提高流量词的比例。要记住，精准契合词还是要保留的，因为关系到店铺、商品标签以及买家的搜索习惯。

为了避免淘宝数据波动，标题的每次优化应以 5 个汉字以下为宜，同时也避免被淘宝判定为偷换商品。换词时间应该在下架日以后，原因为当时权重最低，对商品影响最小。商品换词应慎重，到第三个阶段以后应避免持续换词，以免造成不必要的损失，切记！再次重申，以上标题优化的方法是从理论出发的，需要读者实践。

本章习题

1．什么是长尾词？什么是短尾词？什么是一级词、二级词和三级词？

2．学会用商品属性给标题选词。

3．学会用生意参谋选词助手选标题词。

4．学会用生意参谋标准版选词。

5．学会用直通车选词。

6．为什么照抄爆款标题不行？

7. 为什么有的店铺的一个爆款做了两个商品链接，每个商品各起了一个标题？

思考题

1. 到底是标题给商品引流，还是商品权重带动了标题的流量?

2. 自己动手实操写一个爆款标题。

3. 标题优化有没有必要？到底什么时候开始操作?

第 4 章

淘宝自然流量排序原理剖析

本章要点：

- 淘宝系统搜索原理
- 影响淘宝输出流量的 5 个重要因素
- 买家账号的行为输入渠道
- 爆款引爆周期和所需数据量
- 买家账号导致降权因素分析
- 客户资源获取
- 手淘首页流量剖析

所有淘宝初学者对淘宝搜索都感兴趣，大部分初学者的思维是，如果我的关键词能排到前几页，就能够卖出东西。可是在现在的淘宝，特别是在千人千面的环境下，原理并不是这么简单的。本章将详细地分析淘宝单量的优化、在买家购买后卖家店铺被降权的原因、自然搜索爆款节点等。最后提醒读者，有梦想，走正道，刷单犯法！补数据请用正规手段！

4.1 淘宝系统搜索原理

淘宝系统就是一个计算机系统，和任何平台系统一样。如果你想得到平台给你的数据输出，那么你的商品必须表现得很好，或者假装表现得很好。在淘宝平台系统中，我们怎样表现得很好呢?

整个淘宝系统可以分为买家账号、卖家账号、买家行为、卖家反馈 4 个部分。这 4 个部分又可以根据系统属性分为主体和行为。

（1）主体：买家账号、卖家账号。

（2）行为：买家账号对卖家账号干预动作、卖家账号的反馈。

4.2 影响淘宝输出流量的 5 个重要因素

我们要知道买家行为对淘宝的影响有哪些，以明白淘宝从买家行为上判断商品好坏的几个因素，而且要知道这些因素的重要程度，以便我们依据这些因素对商品的数据进行干预。

根据淘宝运营经验，我们依据重要程度把淘宝平台判断商品权重的因素从高到低依次分为以下 5 个。

1. 因素 1——销售额

销售额（也叫坑位产出）=客单价 × 数量

淘宝考核商品最重要的因素是在以 7 天为上下架日周期内销售额和销售额的增长情况。我们打开淘宝网，在搜索框中搜索关键词，如“连衣裙女”，如图 4.1

所示。

图 4.1

由于淘宝的千人千面系统，对每个卖家展现出来的商品都是不同的，但是我们可以看到既有高销售额的商品，又有低销售额的商品，到底什么是考核商品综合排序的指标呢？

首先，考核坑位产出数值。如图 4.2 所示，198 元商品的坑位产出是 198×25=4950 元，而 112 元商品的坑位产出是 112×1898=212 576 元。为什么 4950 元坑位产出排在了 212 576 元坑位产出的前面呢？

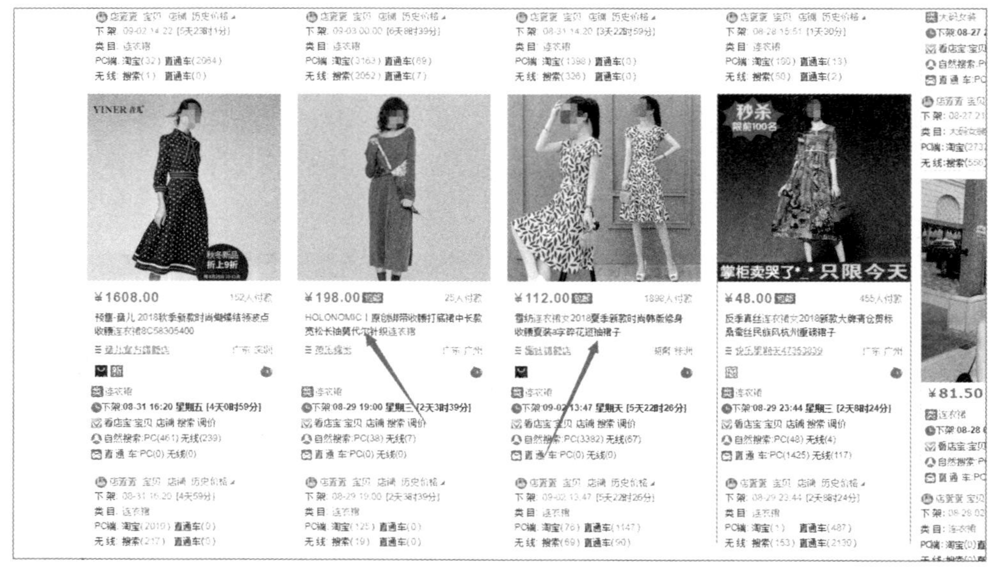

图 4.2

其次，考核点是达到这个坑位产出所需要的时间。如果你的商品表现得非常好，排在前面的位置，那么它已经有了先天性的优势，刚上架的商品在短时间内不能超越它，但是淘宝不希望前面的位置总被几个高销量的商品霸占。系统希望把表现更好的、冲速最快的商品放在前面，进而得到更高的转化率。这就要考虑商品的销售额的增长速度，排位在前面的商品虽然销售额高，但是销售额的增长速度是固定的，不可能无休止增长，这时如果其他商品的增长速度快，那么系统会把它安排到前面，测试它的表现。如果在同样的位置，这个商品的转化率更高，那么它就可能一直霸占这个位置，直到下一个商品取代它。这就是淘宝的搜索排序算法原理。所以，在新品上架后，我们要做的是让销售额递增。

2. 因素 2——转化率、UV（独立访客）价值

如果完全按照因素 1，那么矛盾就体现出来了。在正常情况下，A 卖家有钱，但是货很差，很多人看了不买；B 卖家没钱，但是货很好，很多人看了都会买。那么淘宝是会扶持 A 卖家还是 B 卖家呢？答案是 B 卖家。淘宝并不看重 A 卖家的推广费用，系统只是希望卖家们不断优化商品和图片，让更好的商品出现在淘宝网上，让更多人买到更好的商品，让淘宝做出亮眼的业绩，所以淘宝会以转化

率约束卖家。

转化率=购买人数/访客数

假设 A、B 卖家都卖连衣裙，而且款式和价格都一样。A 卖家买了 300 个流量卖出 3 单，B 卖家买了 100 个流量卖出 2 单。在流量时间节点以后，B 卖家的搜索排序会高于 A 卖家，这就是淘宝系统用它的规则和算法引导卖家开发出更优质的商品、更加用心地研究详情页设计和款式。这个数值同样也可以用 UV 价值反映，这意味着淘宝的流量都是花钱买来的，淘宝想让买来的流量尽可能在淘宝上成交，也想让买家继续留存在淘宝上购物，所以每个 UV 都有价值，公式为 UV 价值=销售额/访客数。这就是说，淘宝在引导卖家培养每个访客的转化率，让他们在店铺里成交，并且让卖家珍惜进店的流量。

3. 因素 3（制约因素）——主图的实时点击率

主图的实时点击率影响两个方面：商品的实时排序和在同样位置上进店流量的多少。目前来说，销售额是按照天数更新的，点击率高的主图排序则是实时以小时为单位更新的，但是更新幅度并没有销售额那么大。

4. 因素 4（次要因素）——平均停留时长、人均浏览量、跳失率等

在销售额和销售额增长速度达到综合排序靠前的基础上，我们还要配合加购人数、加购件数、收藏人数、收藏次数、跳失率等因素。这些因素不仅是辅助爆款因素，也可以深化商品标签，给店铺引入更加精准的流量。我们可以在生意参谋中查看更多因素，如图 4.3 所示。

5. 因素 5（影响因素）——店铺层级、主营占比、店铺等级、DSR、售后率、投诉等

店铺层级、主营占比、店铺等级、DSR、售后率以及投诉等店铺历史数据情况决定了在同样的商品和数据表现下，你的商品成为爆款的速度和流量情况。一般的影响因素是老店比新店强、主营占比高的店铺强、店铺层级高的商品更容易成为爆款，历史数据也是越佳越好的。这也是淘宝鼓励老卖家继续在淘宝开店，服务于买家，不想让刚开店的新卖家赚一些钱就跑。

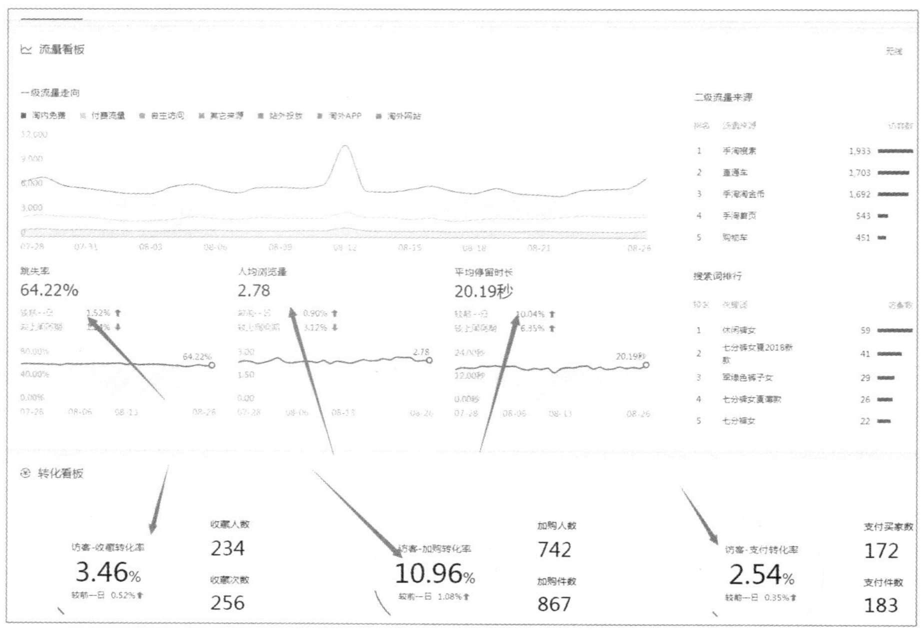

图 4.3

4.3 买家账号的行为输入渠道

我们都有自己的客户群体（无论是其他互联网销售平台或者粉丝客户，还是线下实体店铺客户），这些客户通过什么渠道进入我们的店铺淘宝才会认为我们的店铺是优质店铺，给我们的店铺更多的扶持流量呢？一般来说客户进入淘宝店铺的主要渠道有直接链接、淘宝客、淘口令、二维码、关键词等。

直接搜索关键词购买商品成交的权重是最高的。从其他渠道来的客户如果在淘宝上实在找不到我们的商品，那么我们可以让客户直接搜索商品的全标题，但是切记，千万不要让客户选择精准发货地点，因为这样很容易被淘宝系统误判为作弊而被降权。我们应该让客户搜索商品标题中的关键词进店，在此基础上，还可以结合淘口令等其他渠道，辅助增加权重，规避被降权风险。如图 4.4 所示，在新品上架时，因为商品权重太低，我们搜索大词根本找不到自己的商品，因此可以让客户搜索全标题进店，如“反季真丝连衣裙女 2018 新款大牌清仓剪标桑蚕丝民族风杭州重磅裙子”。在后续观察流量的时候我们发现，随着订单量增加，商品权重增大，使用“真丝长连衣裙”“民族风女秋装”这样的短一些的长尾关键词可以搜到我们的商品，到最后搜索“民族风”“连衣裙”这样的大词也可以搜到我们的商品，证明我们的商品权重一直在增加，如图 4.5 所示。因此客户在前期可以通过长尾关键词进店，等大词出现后再通过大词进店。

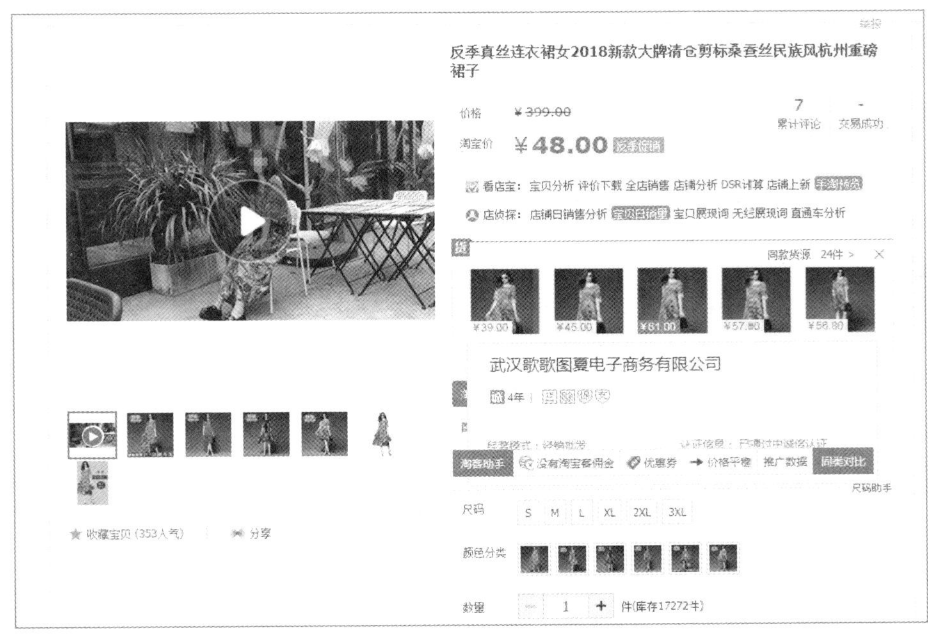

图 4.4

引流词筛选说明

手机端搜索引擎的算法与PC端有所不同，可能存在出现不匹配宝贝标题的干扰词，该类词通常在一天之内具有较大波动的排名值（例如第2页~第19页），商家需人工判断筛除这些干扰词。

本宝贝在2018-08-26的手机端引流词共11个，平均排名第14页第15位

	引流词 复制	平均排名	展示时长	引流占比	最高排名	最低排名
1	气质 真丝 连衣裙 长裙	第4页第11位	1小时	3.7%	第4页第11位	第10页第19位
2	大牌剪标女装	第6页第2位	3小时	5.6%	第1页第9位	第8页第2位
3	杭州真丝连衣裙 桑蚕丝	第9页第16位	3小时	11.1%	第6页第1位	第16页第7位
4	品牌折扣店	第10页第7位	4小时	7.4%	第10页第1位	第19页第2位
5	民族风 连衣裙	第11页第1位	2小时	3.7%	第11页第1位	第13页第20位
6	民族风 连衣裙 长	第14页第6位	2小时	7.4%	第8页第2位	第19页第4位
7	民族风旗袍连衣裙	第14页第18位	1小时	3.7%	第14页第18位	第17页第3位
8	真丝桑蚕丝女装连衣裙	第15页第8位	1小时	3.7%	第15页第8位	第18页第5位
9	桑蚕丝真丝连衣裙	第15页第20位	1小时	3.7%	第15页第20位	第16页第6位
10	真丝宽松腰长连衣裙	第16页第6位	1小时	5.6%	第15页第18位	第17页第6位

登录后查看其余1个引流词

说明　最近3天的手机端搜索排名

引流词 复制	2018-08-26 登录可见	2018-08-25	2016-08-24
品牌折扣店		第1页6位	
剪标		第2页1位	
民族风真丝连衣裙		第2页17位	↑第9页14位
杭州真丝连衣裙 桑蚕丝		第3页4位	
重磅真丝长裙		第5页14位	
波西米亚 民族		第5页14位	
重磅真丝裙		第5页20位	
大牌剪标女装		第6页2位	↓第3页11位
欧洲站真丝连衣裙		第7页4位	
真丝高档品牌连衣裙		第8页12位	
民族风女秋装		第11页20位	
真丝长连衣裙		第14页5位	
民族风连衣裙秋			第11页19位

图 4.5

4.4 爆款引爆周期和所需数据量

很多新手卖家和小卖家在思考爆款数据量的时候很迷茫，不知道销售额需要达到多少、需要销售几天才可以引爆流量，下面详细介绍。

1. 引爆的客户数量

从严格意义上来说，不能说需要多少客户单量引爆流量，单量固然重要，但是同时也要结合销售额判断。一般需要多少销售额才能引爆流量呢？我们可以根据坑位产出查看首页同行商品的销售额。然后，按照引爆时间节点递增分配购买单量。当你觉得客户数据不足以引爆自然流量的时候，可以询问对你的商品感兴趣的意向客户，让他们增加下单销售额，多买几件商品，或者前期提高商品的客单价，等到引爆流量以后再打折降回原价。由于受到千人千面和买家号的质量影响，这些单量只是预估的，并不会非常准确。例如，“连衣裙女”首页坑位产出是 198 元 × 25 单=4950 元，我们用 399 元的价格 5 天放大到 399 元 × 20 单=7980 元的销售额，就会有很大概率排到“连衣裙女”这个词的自然排序首页，获取这个大词以及相关长尾词在千人千面标签下的首页搜索流量（由于标签影响，具体可以获得多少流量不好统计），这就是计算引爆流量所需销售额的基本原理。

2. 引爆的时间节点

在客户下订单后，我们期待店铺流量爆发起来。我们用生意参谋参考同行目前爆款流量爆发的时间情况，并结合自己的操作经验，总结出 2018 年目前（后续可能会变动）流量爆发节点为 3 天、4 天、5 天、6 天、7 天、8 天、15 天、22 天、28 天等。从第 3 天开始，自然搜索流量就可以引爆了。从第 3 天开始一直到第 28 天都有自然流量的爆发节点，因此总结出新品的 28 天爆款计划。同时我们也总结出，一个新上架的商品在前 28 天是淘宝系统观察其商品数据情况的扶持周期，如果过了 28 天的节点还没有引爆流量，也没有被降权，就已经过了扶持周期，这个商品可以下架不用再推广了。可以把这个商品下架，去推广别的商品，不要盲目推广一个上架周期已经超过 28 天而自然流量还没有爆发的商品。

2017 年，如果很多客户大批量购买你的商品，产生了很多销售额，那么淘宝系统会在四五天短期内给你很多自然流量，但是现在商品成交单量和销售额短时间引爆自然流量的效果已经没有这样明显了，爆款周期已经延长了，但是还是有很多店铺用搜索流量爆发的方法操作，只是现在时间点更长，自然搜索流量爆发数量更少。

图 4.6 为一个 6 天手淘搜索访客数达到 1177 个的例子，客户总共搜索关键词入店成交 102 单，全部由长尾词到短尾词引流，进店关键词情况分析如图 4.7 和图 4.8 所示。

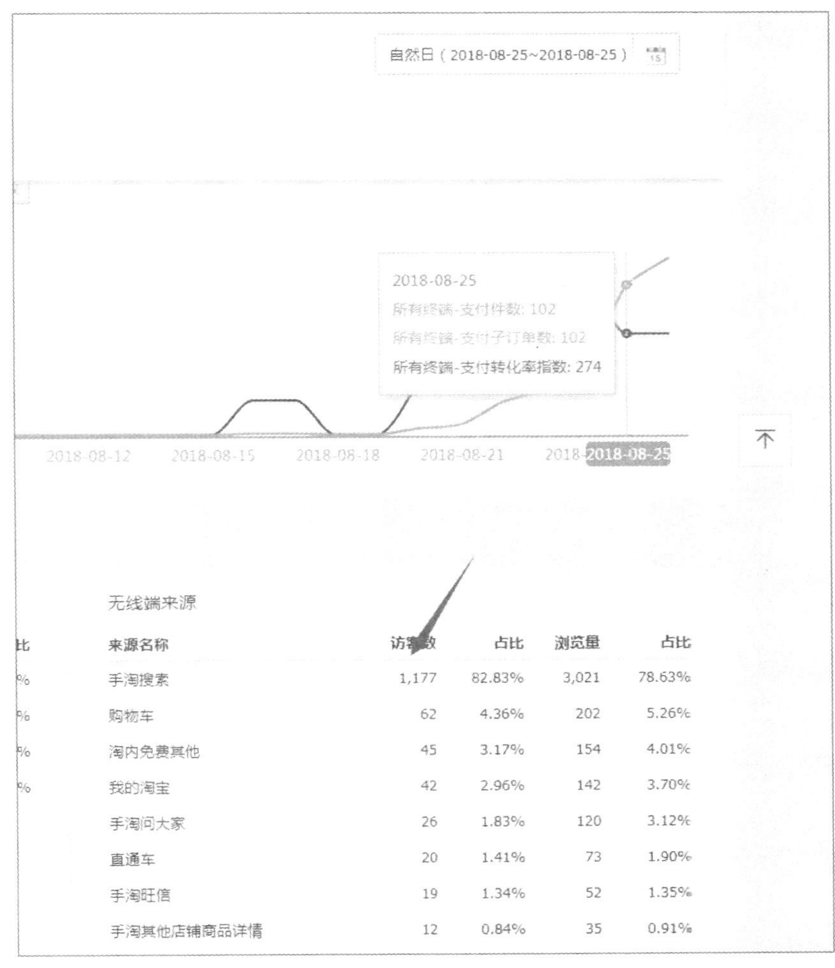

来源名称	访客数	占比	浏览量	占比
手淘搜索	1,177	82.83%	3,021	78.63%
购物车	62	4.36%	202	5.26%
淘内免费其他	45	3.17%	154	4.01%
我的淘宝	42	2.96%	142	3.70%
手淘问大家	26	1.83%	120	3.12%
直通车	20	1.41%	73	1.90%
手淘旺信	19	1.34%	52	1.35%
手淘其他店铺商品详情	12	0.84%	35	0.91%

图 4.6

无线端关键词
引流关键词
访客数
阔腿裤女2018新款秋季胖mm韩版宽松九分休闲裤子
8
西装裤女2018新款秋季胖mm韩版宽松九分休闲裤子
8
喇叭裤女2018新款秋季胖mm韩版宽松九分休闲裤子
8
哈伦裤女2018新款秋季胖mm韩版宽松九分休闲裤子
7
哈伦裤女秋季2018新款韩版西装微喇叭九分黑色休闲裤子
2
秋装女2018新款
2
阔腿裤女
2
黑色裤子女秋季2018新款阔腿裤韩版西装微喇叭哈伦裤九分休闲
1
黑色裤子女 九分裤哈伦裤 喇叭裤女秋季2018新款
1
黑色裤子女秋季2018新款 九分裤哈伦裤 喇叭裤
1

图 4.7

无线端关键词
引流关键词
访客数
西装裤女
40
喇叭裤女 九分裤
25
西装裤女 九分裤
24
阔腿裤女
19
休闲裤女
17
喇叭裤女
16
哈伦裤女
16
九分裤2017新款女 宽松 韩版
13
西裤女 九分裤
13
哈伦裤女 九分裤
12

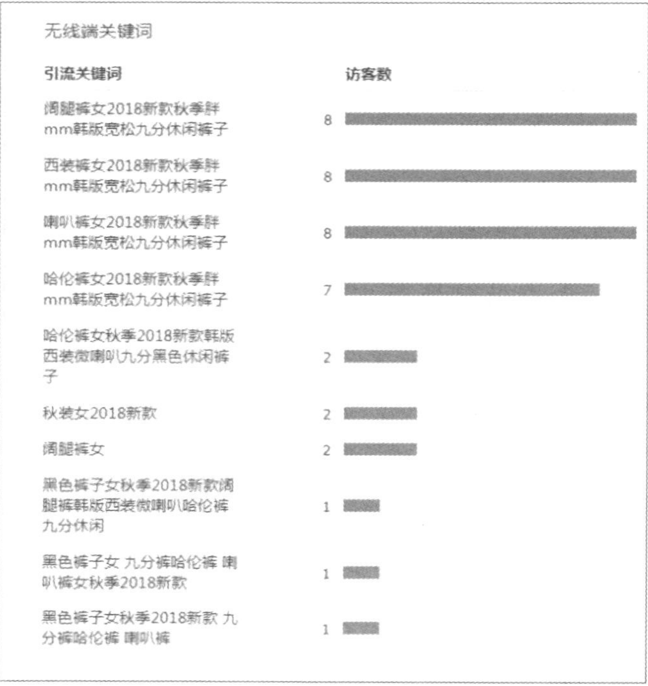

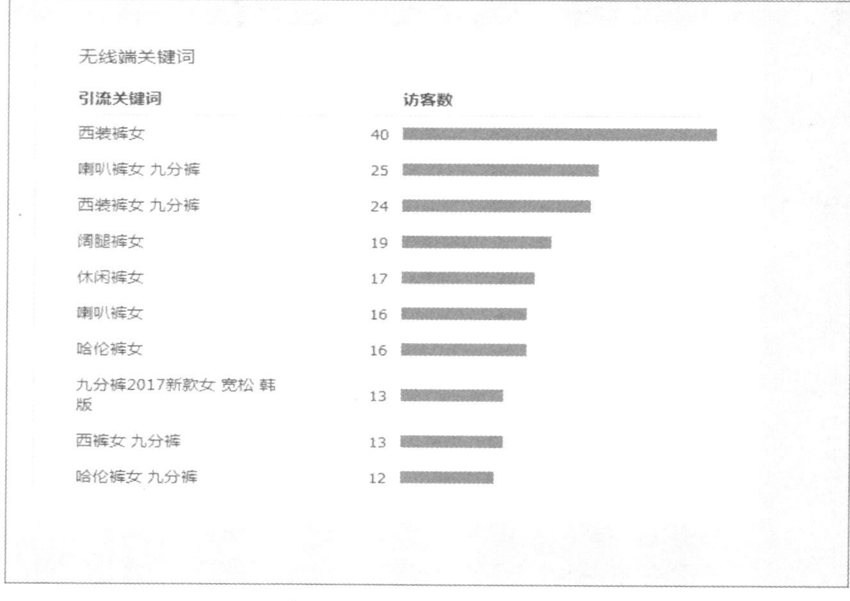

图 4.8

3. 操作自然搜索流量初期的转化率与销售额增速间的关系（X 模型）

从生意参谋的“交易趋势”里可以看到，平时我们操作自然搜索流量的转化率要控制在同行平均转化率和同行优秀转化率之间，这样既可以保证高转化率又可以规避由于转化率过高导致的商品被降权。同行平均转化率和我们的转化率对比如图 4.9 所示。

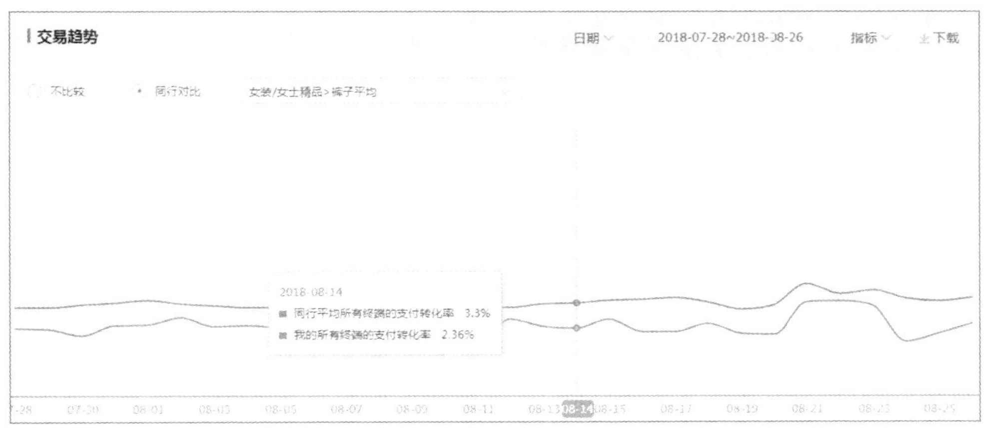

图 4.9

在新品期、商品刚上架的时候，前 3 ~ 5 天是可以忽略转化率考核的，这也是淘宝系统不考核转化率指标的时期。如果我们选择一个新品的转化率曲线和销量增长曲线，从市场行情标准版里可以看到一个 X 模型（三钻等级以下的店铺搜索数据操作比较多）。X 模型操作店铺的主要特点是开始高转化率，在淘宝搜索流量爆发以后，销售额和单量不可能无限增长，因此只要维持高于同行平均转化率即可，这也是在操作自然搜索流量的时候要做到的 X 参考模型。以下举出几个 X 模型案例，如图 4.10 ~ 图 4.12 所示。这样的案例在低等级店铺中一直都存在，也证明目前淘宝数据引流带来自然流量的现象还一直存在。

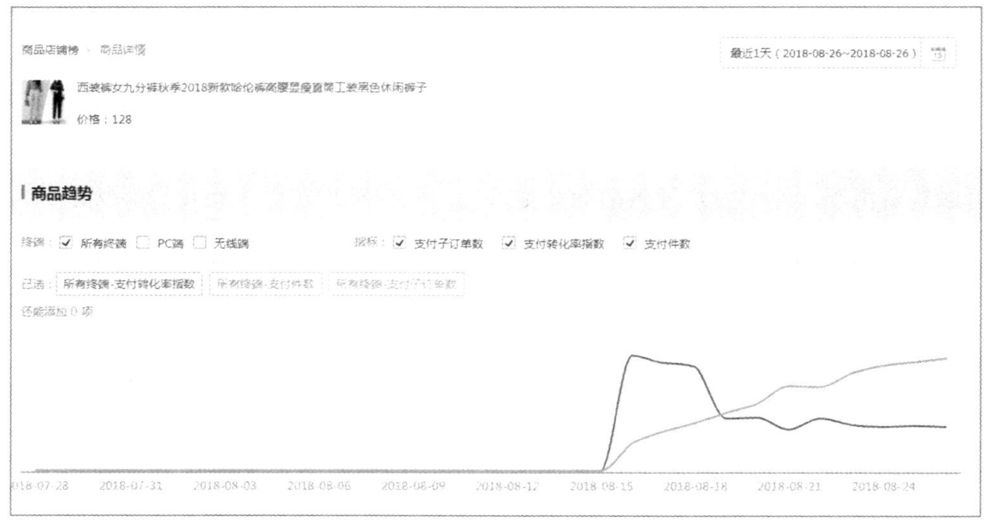

图 4.10

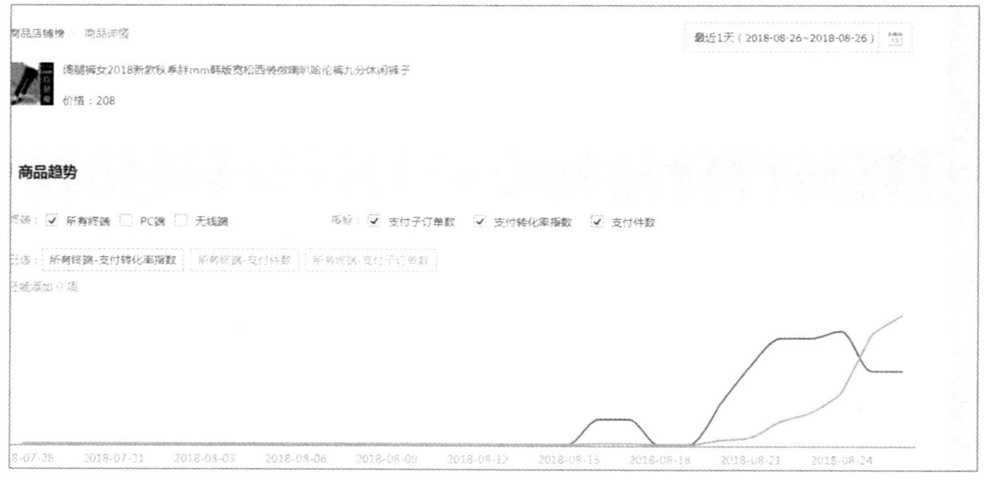

图 4.11

由于流量爆发节点不同，X 形状可能不同（以后店铺转化率控制数据可能会有所变化，但目前还是有 X 模型的）。

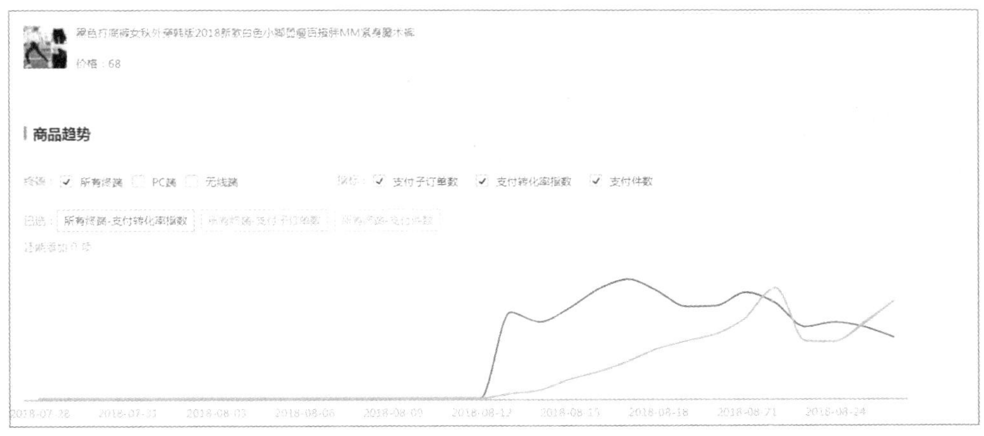

图 4.12

4.5　买家账号导致降权因素分析

有很多人会问，为什么我从其他渠道（例如抖音、百度、微信和 QQ 群、线下等其他推广渠道）引流成交，有时候成交越多，淘宝给我的流量反而越少，以及为什么淘宝流量多了却没有转化呢？本节将详细解释。

1．为什么我从外部引流成交越多，流量越少（安全性因素）

如果店铺被降权，那么后台会给出卖家降权提醒，如图 4.13 所示。一般我们所说的店铺被降权主要有以下原因：

（1）物流快递。有的卖家忘了填写快递单号或者填错快递单号。2018 年菜鸟物流更新以后，在后台可以直接显示你的电子面单号，如果你还是填错单号或者填写无须物流，那么系统基本上会判定你的快递异常，因此从 2018 年开始一定要认真填写快递单号。

（2）计算机和手机硬件、IP 地址。阿里云系统目前比较完善，不管你是用电脑操作自然搜索流量，还是用手机操作自然搜索流量，只要你的电脑或者手机设备连接过店铺电脑的 Wi-Fi，都会被阿里云系统查出并降权，所以这一点也要注意。

图 4.13

（3）账号异常。通常所说的账号异常是指标签不精准，用买家账号买过各个年龄段的东西，但是如果一家人只有一个账号呢？难道也被判定为异常吗？因此我们判断，决定账号异常与否的因素只是你打开淘宝从浏览到购买的转化率。女装行业的平均转化率是 1%，即 100 个人到店只有 1 个人购买，也就意味着，你打开淘宝浏览 100 个商品，只会下 1 单。如果你每次打开淘宝，浏览两三个同类商品就下单了，那么你的账号就会被认定为黑号。黑号也可以买商品，但是当你的店铺短时间内购买商品的黑号数量达到一定比例，就会被认定为炒信用而被降权，而且很多黑号购买商品并不计入销量权重，因此造成销量越高流量越少，因为你的权重并没有积累或者标签乱了，没有实现更好的点击率引流！当然，有时候阿里云系统判定得并不精准，所以很多时候（在一个比例段）提供了申诉入口，但是如果购买你的商品的账号中的黑号比例太高、数量太多，那么往往连申诉入口都没有，被直接封店。

2．为什么流量涨起来却没有转化（千人千面标签因素）

2018 年 3—5 月，我曾经操作女裤类目 3 天爆发 380 个自然流量，却没有一单转化，而后来用直通车推广带来的自然流量却有 2%的转化，这是什么原因呢？

为什么自然流量上涨了却不能转化?

淘宝从 2015 年开始，引入了千人千面的概念，即每个买家账号依据自己的年龄、性别、购买习惯，被打上了标签。如果你的商品符合这类人群，购买、收藏、加购你的商品的这类人群会给你的商品和店铺打上标签，以后系统就会让越来越多地符合你的标签的人群看到你的店铺。在生意参谋的“访客对比”中可以看到店铺人群情况，如图 4.14 所示。

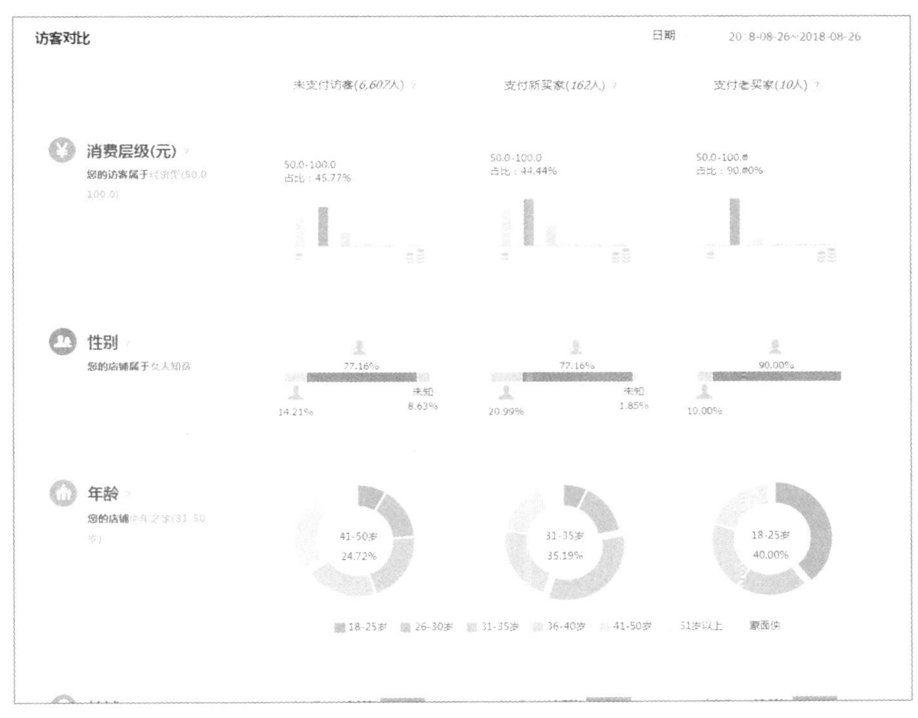

图 4.14

如果你的店铺人群是中年女性，系统就会分配越来越多相同消费能力、年龄与性别的人群给你的店铺，这是为了提高转化率。即使买家账号不是黑号，但是这些账号不顾人群标签胡乱购买商品，如果你的店铺购买人群中有很多这类买家，系统就不知道应该给你的店铺分配什么人群，所以分配到的买家都是不符合你的店铺标签的人。比如，把中年女裤分配给中学生，从而导致搜索关键词的买家无一下单，即使转化率再高也没有用处，所以在引导客户下单时必须注意人群。

4.6 客户资源获取

我们已经了解了自然流量获取的原理，只要有了充足的客户资源和商品，就可以形成爆款和流量爆发了，我们要怎样获取客户资源呢？

1. 自己找人

最直接的方法是，找符合你的商品标签的亲戚、朋友，以做微商的心态做淘宝，不同的只是进行交易的场景切换到淘宝平台而已。切记这些人的设备不能用过你的网络，否则可能被淘宝系统误判为作弊，一定要注意细节。

2. 地推资源

地推，顾名思义，就是利用在线下摆摊、在小区贴广告等方式吸引客户，让这些客户成为你的真实客户，只是在淘宝上成交，这也是帮淘宝平台引流。虽然这些账号相对安全，但是这些客户来之不易，而且这些客户的旺旺号标签一般不好保证。

随着淘宝系统的升级，怎样让客户在淘宝店铺成交以便我们的店铺获取淘宝扶持流量已经成为一个资源活、技术活，越来越难。以前很多人靠作弊、刷单获取淘宝免费流量，现在这样的操作是犯法的！这些卖家现在已经不知道如何在淘宝开店了，所以在这部分人中有很多人转向了付费直通车推广，但是也有一部分人掌握了技巧、积累了资源，客户越来越多，正规化经营。淘宝爆款都是留给有执行力的人的，卖家要积累资源、客户进行正规化经营、正常卖货引爆流量。

4.7 手淘首页流量剖析

手淘首页是一个极大的流量入口，也是在千人千面原理之下，流量碎片化分配入口，手淘首页的坑位如图 4.15 所示。

在 PC 端和手淘 App 端的淘宝首页中，系统会将你最近浏览过的同类商品和相同价位段的商品分配给你，以刺激你的购买，其中带有 HOT 标志的是直通车推广位置。

手淘首页流量爆发是很快的，同时下降也很快，如果手淘首页流量出现在店铺淘宝流量构成中，那么对店铺流量很有帮助，因为很可能有机会放大这个流量入口，而且这个流量入口的成交销售额同样会影响手淘搜索以及其他免费流量。

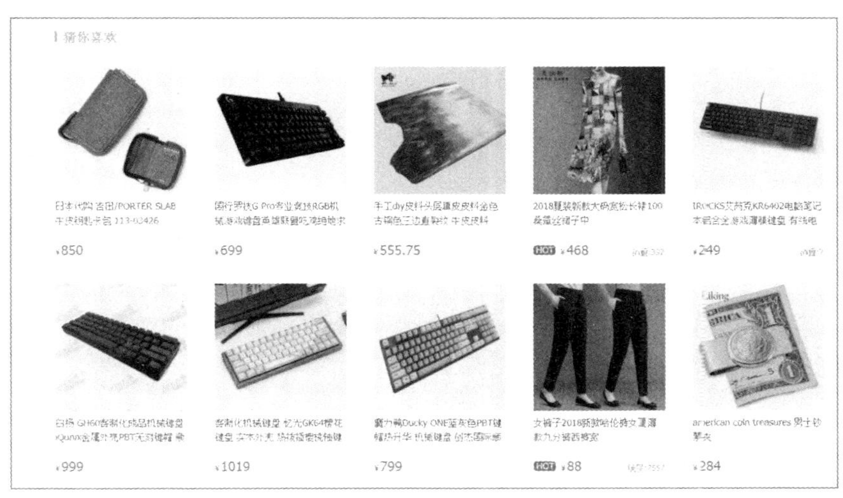

图 4.15

手淘首页的流量来源有以下 3 种。

1．客户进店购买商品，淘宝系统抓取出来

让客户先浏览本店商品并且收藏或加购，再浏览相似店铺的商品，这时候“猜你喜欢”中会出现相似的商品。然后，客户在第二天或者隔几天再浏览“猜你喜欢”中的类似商品。这时，客户账号会具备商品的浏览标签。客户如果继续浏览同类商品，那么一般 10 个客户中会有一两个客户的“猜你喜欢”页面中会出现你的商品，当你的商品出现在客户的“猜你喜欢”页面后，让客户点击进去下单即可。这样购买的标签买家越多，后期手淘首页的流量越大。

2．直通车定向开出来

用直通车功能中的定向推广中“猜你喜欢”或者“猜我喜欢”等功能，或者使用人群溢价功能溢价到标签人群，在标签人群浏览下单增多后，手淘首页权重增加，自然会出现手淘首页流量。直通车展示位置溢价和人群标签溢价分别如图 4.16 和图 4.17 所示。

图 4.16

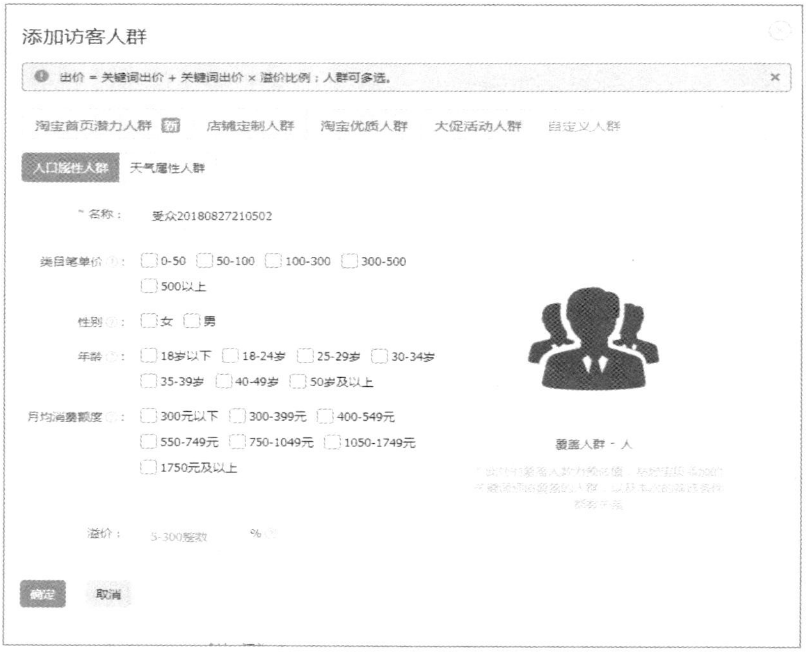

添加访客人群

出价 = 关键词出价 + 关键词出价 × 溢价比例；人群可多选。

淘宝首页潜力人群 新　店铺定制人群　淘宝优质人群　大促活动人群　自定义人群

人口属性人群　天气属性人群

* 名称：受众20180827210502

类目笔单价：0-50　50-100　100-300　300-500　500以上

性别：女　男

年龄：18岁以下　18-24岁　25-29岁　30-34岁　35-39岁　40-49岁　50岁及以上

月均消费额度：300元以下　300-399元　400-549元　550-749元　750-1049元　1050-1749元　1750元及以上

溢价：5-300整数 %

覆盖人群 - 人

确定　取消

图 4.17

3. 商品权重很高，标签成交自然出来

当手淘搜索的自然流量爆发以后，很多标签人群的手机淘宝首页“猜你喜欢”的展示位置上会出现你的商品。大量标签人群通过搜索流量或者首页流量成交，手淘首页流量也会自然增加。

手淘首页流量属于免费流量的一种，非常重要。

本章习题

1. 想清楚淘宝搜索的原理。

2. 淘宝流量爆发的 5 个最重要的因素是什么。

3. 我想让店铺流量爆发，到底要达到多少销售额？

4. 在操作自然搜索流量前期是否考核转化率？什么叫 X 模型？

5. 买家购买商品后卖家店铺被降权的原因是什么？如果不想被降权，最重要的是解决哪个方面的问题？

6. 从哪个入口操作自然搜索流量最好？

7. 为什么店铺有自然流量，却没有销量？

8. 现在还有靠操作自然搜索流量爆发的单品或店铺吗？为什么都集中于新店？

9. 手淘首页的流量和手淘搜索的流量排位有什么共同之处？有什么区别？

思考题

1. 思考客户购买商品后店铺被降权了怎么办？是不是一直增加销量，一直被降权，淘宝就没法运营了？

2. 我怎样积累安全账号和千人千面标签账号来增加流量，防止被降权？

3. 操作自然搜索流量，不管是淘宝搜索流量还是手淘首页流量，都很枯燥且有风险，我到底是做直通车推广还是一直操作自然流量？

第 5 章

直通车推广策略

本章要点：

- 直通车的原理
- 用直通车测款、测图
- 选择直通车的关键词
- 直通车的关键词分数
- 直通车权重的概念
- 直通车的出价策略——拖价法
- 直通车培养权重的策略
- 直通车的人群概念
- 直通车的定向推广功能
- 直通车的批量推广功能
- 直通车与自然搜索流量的关系
- 直通车的各种玩法

直通车是淘宝站内系统中最省钱、最精准的付费推广手段。很多人说，直通车是引流工具，先做自然流量，再靠直通车辅助做爆款，或者说只用直通车推广爆款是土豪的玩法，这些说法都有道理。用直通车推广爆款是淘宝官方最希望卖家做的事情，也是最正规的淘宝运营方案。最有效的淘宝运营手段只有操作自然搜索流量排序和直通车付费推广。但是，目前的淘宝市场竞争激烈，对于大部分类目来说，直通车推广是赔本的。

直通车推广到底能不能做？为什么赔钱还有那么多卖家在竞价？到底该怎么优化直通车推广？为什么那么多卖家亏本却还要用直通车推广？直通车到底能不能带动自然流量？本章将为卖家详细解析。

5.1　直通车的原理

卖家做直通车推广最关心的就是出价和排名两个因素。

直通车的出价=下一名的出价 × 下一名的质量分/自己的质量分+0.01

直通车的排名=当前的出价 × 当前的质量分

你不能控制下一名的出价和他的质量分，由第一个公式可知，如果要直通车的出价低，那么只能提高分母，即自己的质量分。由第二个公式可知，如果要提高直通车的排名，并且最大限度地减少出价，那么只能提高当前的质量分。这两个公式说明，要想出价低、排名高，只需要做一件事，即提高词的质量分。

淘宝直通车的高质量分等于直通车的高点击量和高点击率，这些因素直接影响直通车的排名，因此我们要做的就是保证点击量和点击率。

直通车关键词的质量分分为 0 ~ 10 分，分数越高，PPC 越低。这 10 分包含 3 个判定因素，即创意质量、相关性、用户体验。

1. 创意质量

创意质量的官方解释：创意质量即创意图的点击情况，也就是说权重在创意图上，关键词的点击率直接影响商品的权重。

2. 相关性

相关性的官方解释：关键词与商品类目、属性及文本等信息的相符程度。也就是说，相关性关系到商品标题、商品属性以及直通车创意图标题，当这几个信息调整时，相关性分数也会相应变化。

3. 用户体验

用户体验的官方解释：根据买家在店铺的购买体验给出的动态得分。与用户体验相关的是收藏、加购、浏览时长、下单转化率等。

相关性是可以控制的，修改文案即可，用户体验考核的是商品，但是这两点都是次要的，最重要的因素是创意质量。创意质量反映的是创意图的好坏与词点击率的高低，创意图直接影响展现词的点击率，很多直通车车手操作的重心就集中在创意质量上。直通车的原理如图 5.1 所示。

图 5.1

淘宝根据商品进行数据分析和数据运营，除了出价和排名原理之外，直通车里还有一些重要的数据，这些构成了直通车的其他原理。

5.2　用直通车测款、测图

直通车账户里面有点击率、点击量、展现量等数据，这些数据展现使直通车成为最好的商品测款、测图的工具。

1．测款

我们在一个商品中添加多个词，通过数据透视功能中的关键词点击率分析，可以看到这个商品的整体点击率情况，如图 5.2 所示。也可以先点击单个关键词，然后选择数据透视功能看到每个词的点击率情况。一个商品是否合格，就看其关键词点击率是否高于同行平均点击率，高于同行平均点击率的款可以被认为是一个值得推广的好款，对于低于或者和同行平均点击率相近的款，其实我们是不推荐进行主推的。

图 5.2

2．测图

在我们把图片上传到淘宝以后，最重要的是考核主图的质量，要优选出最好的主图图片，那就意味着我们一定要测图，很多新手卖家觉得自己的图片很好，买家也会觉得图片不错，其实这是最大的错误，因为我们的喜爱度并不代表买家的喜爱度。

测图的方法我们在 2.2.4 节已经提及，可以参考上文中的方法进行测图。

5.3　选择直通车的关键词

直通车的关键词首先要契合商品属性、商品标题、创意图标题等。例如，商品属性中有“低帮”“韩版”，如果“低帮”“韩版”这些属性词的展现指数和点击率等表现得很好，那么就要考虑把这些词加入商品标题与创意图标题中，并在计划中添加直通车的相关词，如图 5.3 所示。

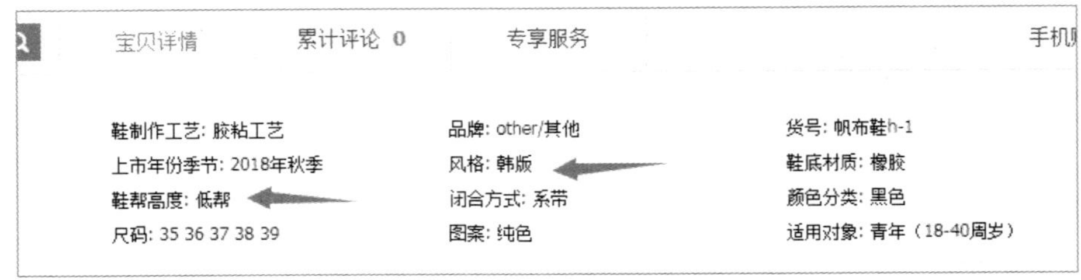

图 5.3

选择直通车关键词的原则是选择有展现、点击率高、转化率高、相关性高、竞争小的词，能够尽可能多地带来成交、减少花费的词。我们可以在添加关键词时有针对性地在相关性、市场平均出价、点击率、展现指数、竞争指数、点击转化率这几个指数上调整，如图 5.4 所示。选词最重要的还是最终词的投入和产出数据，即推广花了多少钱，最终实现了多少销售额。选词的核心是选的关键词要契合你的商品！

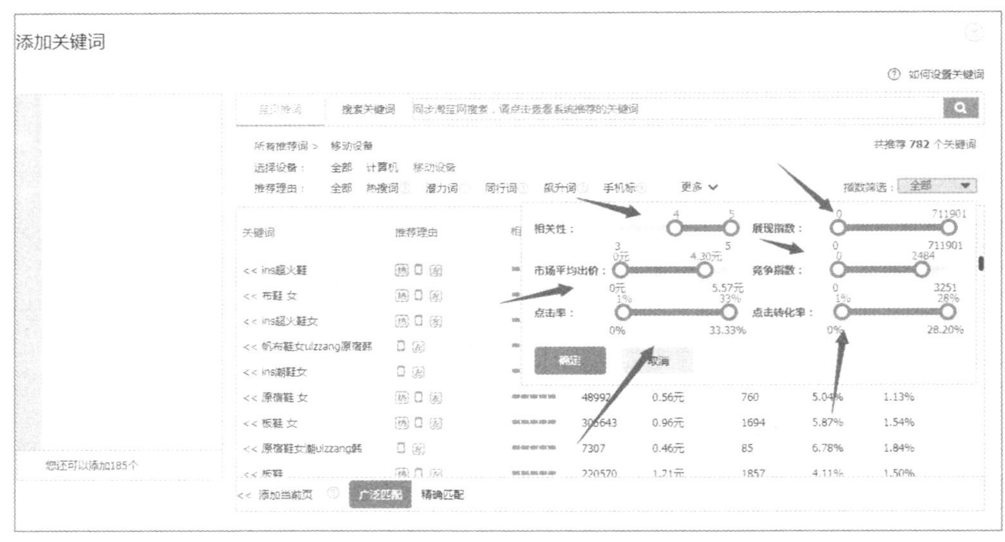

图 5.4

其实选择直通车关键词的原则和选择标题的原则有点相似，除了找词法和筛选法以外，选择直通车的关键词同样可以用第 3 章中介绍的与找标题类似的方法。

例如，利用淘宝下拉框、市场行情标准版、生意参谋选词助手、外部网站、各种淘宝插件查词等方法。

选择直通车的关键词和选择标题的不同点在于：直通车虽然是引流的工具，但是直通车要充钱，而且直通车还有账户权重的制约因素。因此我们要综合考虑自己的经济实力选择直通车词，比如推广一个大词可以引进很多流量，但同时每个流量都要出资金，而且大词转化率也低，不利于提高直通车的账户权重。但是如果我们的资金不能推广大词引流，那么前期中小卖家可以找一些有成交和点击率高的几个精准长尾词推广。这样一来可以降低资金消耗，二来可以提高直通车的账户权重、降低关键词出价（原理将在 5.5 节分析）。

当自然流量上升以后，可以进一步尝试放开所有的关键词（不精准的词和大词），尽最大限度引流。因为直通车推广要的是最多流量，从而带来更多的搜索流量，这是直通车推广达到最大化效果的不变的追求，因为目前大部分直通车推广本身是不能赚钱的，所以我们要在直通车层面用性价比最高的方案获取最多的流量和转化，以带来自然流量提升。

5.4　直通车的关键词分数

直通车的关键词分数由 3 个因素（创意质量、相关性、用户体验）综合得出，现在是手机的时代，如果选出来的词质量分低于 6 分，是没有手机标（即手机端展现）的，表示在手机上不显示该词或者该词排名很靠后，而且这种词的权重很低，放在计划中可能会拉低计划里的权重，可以酌情删除。直通车的分数如图 5.5 所示。

在 5.1 节已经分析过影响直通车关键词分数的 3 个因素。我们要把影响关键词的每个因素做好，只有每个因素做好了直通车关键词的质量分才会上升，只有质量分上升了关键词的出价才会降低。

在 3 个因素中，目前最重要的是创意质量，创意质量直接影响关键词的点击率，因此我们在商品推广中要达到的目标就是所有关键词的点击率都要高于同行业平均水平。当然这是很难达到的，因此我们应该优先将质量分数高的关键词留在账户中，观测其点击率。当点击率足够高时保留关键词，否则删除关键词，从而确保账户中关键词的点击率和分数永远是最优的，这就需要先少放几个关键词（一般建议先放 3 ~ 5 个词），再根据点击率的情况慢慢增加关键词数量。

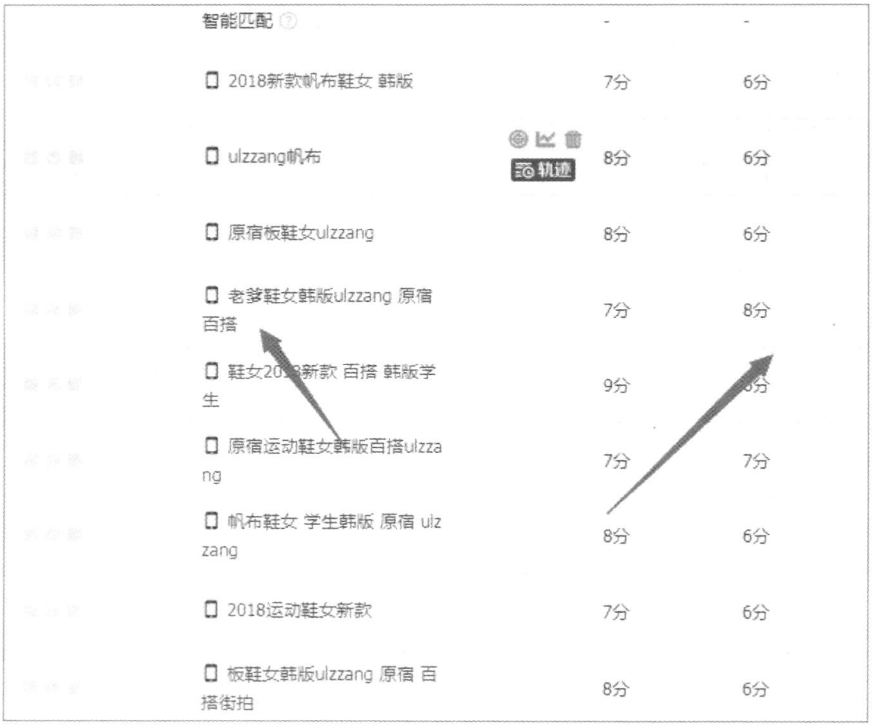

关键词		
智能匹配	-	-
2018新款帆布鞋女 韩版	7分	6分
ulzzang帆布	8分	6分
原宿板鞋女ulzzang	8分	6分
老爹鞋女韩版ulzzang 原宿百搭	7分	8分
鞋女20[illegible]新款 百搭 韩版学生	9分	[illegible]分
原宿运动鞋女韩版百搭ulzzang	7分	7分
帆布鞋女 学生韩版 原宿 ulzzang	8分	6分
2018运动鞋女新款	7分	6分
板鞋女韩版ulzzang 原宿 百搭街拍	8分	6分

图 5.5

5.5 直通车权重的概念

淘宝系统有商品自然权重和直通车权重两个权重，这两者是分开的。直通车权重又分为商品权重和计划权重。

商品权重：商品权重是由商品计划中所有关键词质量分决定的。当你的商品权重很高时，新添加的关键词的初始质量分也很高，而且出价很低。

计划权重：当一个计划中有高权重商品的时候，你会发现在先添加商品，再添加关键词时，新商品的关键词质量分很高，而且出价很低，这说明这个计划有了权重。如果你把这个商品添加到新计划中，关键词出价会比有权重的计划高。

综上所述，直通车里是有商品权重和计划权重的，商品权重和计划权重都是由关键词的点击率和点击量决定的。也就是说，你的关键词点击率越高、点击量越大，你的关键词质量分越高，你的直通车权重越高，直通车计划和商品中关键词的出价越低，这就是直通车的权重原理。

关键词的点击率要达到多少才合格呢？

我们点击一个关键词，如 ulzzang 帆布鞋，点击数据透视选项，结果如图 5.6 所示。

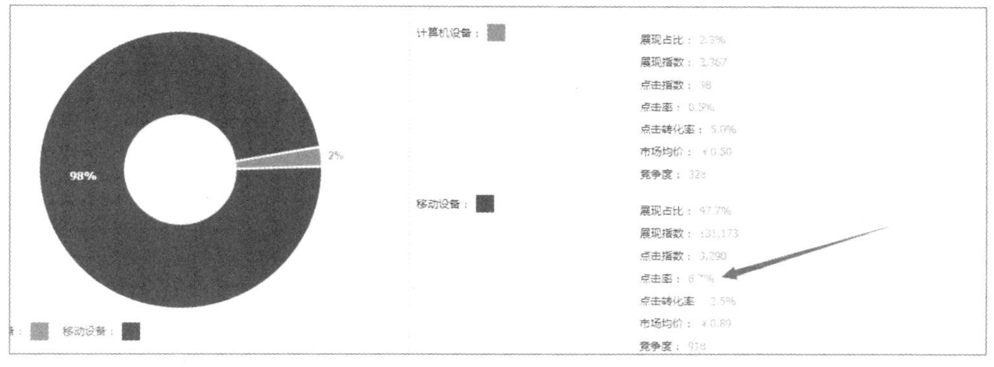

图 5.6

可以看到，移动设备的平均点击率是 6.7%，因此你的关键词点击率只要比平均点击率 6.7%高即可提高质量分。点击率怎样才能比平均点击率高呢？

在商品上架初期，我们要尽量提高权重（主要依赖于高点击率），可以采用如下办法提高点击率。

（1）调整时间折扣。根据行业模板或者自己的经验，在点击率或者人群消费最高峰时提高时间溢价，时间折扣如图 5.7 所示。

（2）提高关键词出价。一般来说，关键词排序在前的商品点击率高，因此我们在商品上架前期可以提高关键词出价。

（3）溢价到人群。不同的人群对不同类目的商品有不同的喜爱度，人群越精准，点击率和转化率越高。

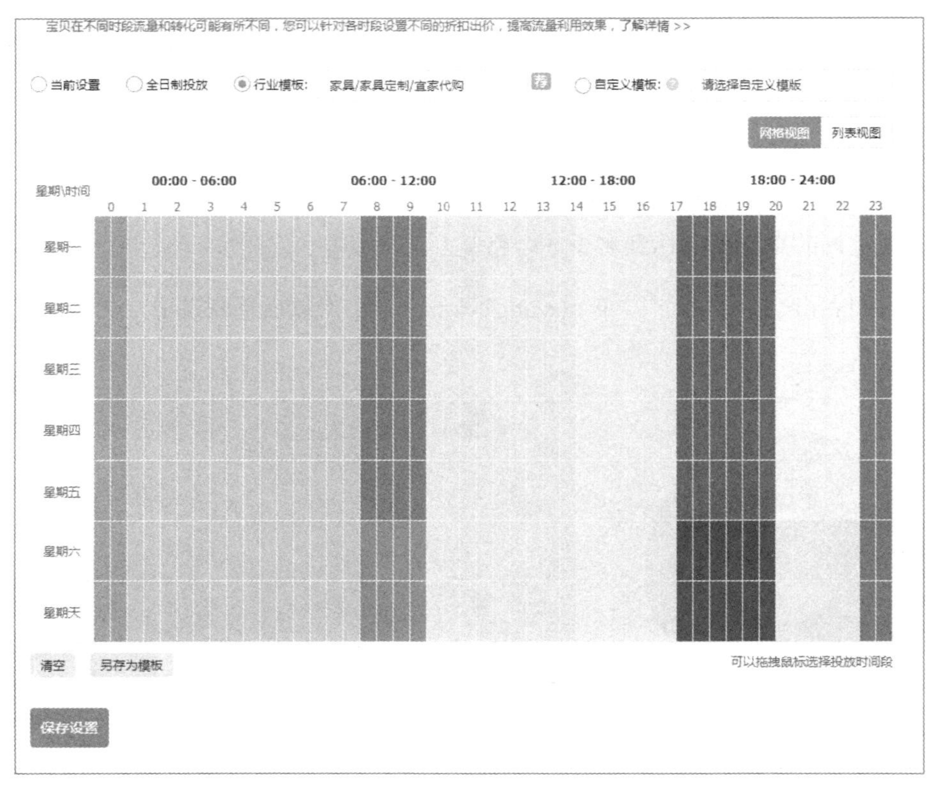

图 5.7

（4）缩小区域。从直通车数据透视中可以看到，对于相应关键词，购买商品最多的买家属于哪些区域，然后酌情选择点击率高的区域，如图 5.8 所示。

（5）精准匹配。对于某些大词，我们只要精准匹配，就可以相对提高转化率。要记住，我们操作的精准匹配的词必须是曝光量大的词，在精准匹配以后还有流量进来，一般的小词以及长尾词不适用此方法。

在做好这些步骤以后，如果你的点击率还比同行的平均点击率低很多，那么这个关键词可能不适合你的商品，你要重新选词。

图 5.8

（6）PC 端和移动端分开计划。由于展现不同，PC 端和移动端的点击率是不同的。因此在推广一个商品时，应该将 PC 端和移动端分开出价。对于大部分类目，我们都主推移动端，这时候就要把 PC 端出价调整到最低，如图 5.9 所示，以防止 PC 端和移动端的曝光相互干扰，导致点击率上不去。

关键词分数上涨和权重上涨由点击率和点击量决定，如果你的点击率始终提升不上去，那么你只能提高点击量，其实只要和同行的平均点击率差不多就可以，只是比较“烧钱”。要记住，率不够，量来补！

质量分	移动质量分 ↑	过去一小时平均排名(14:00~15:00)		计算机出价↑	移动出价↑
		计算机排名	移动排名		
	-	-	-	默 0.10元	折 0.10元
	6分	无展现	无展现	0.05元	1.20元
	6分	无展现	无展现	0.05元	1.20元
	8分	无展现 分布	无展现 分布	0.05元	1.20元
	6分	无展现	无展现	0.05元	1.20元
	7分	无展现	无展现	0.05元	1.20元
	6分	无展现	无展现	0.05元	1.20元
	6分	无展现	无展现	0.05元	1.20元
	6分	无展现	无展现	0.05元	1.20元
	6分	无展现	无展现	0.05元	1.20元

图 5.9

5.6 直通车的出价策略——拖价法

我们提高点击率和点击量最重要的目的是降低关键词的 PPC，可以采用直通车关键词拖价法降低 PPC，步骤如下：

（1）当点击率或点击量涨起来以后，关键词的位置会慢慢往前排，比如今天出价 1.2 元排在第六位，明天可能排到第三位。

（2）第三位的点击率要求和第六位是不一样的，关键词很可能排到第三位出价不变了，因此我们可以把价格调整到 1 元，重新回到第六位，这样就达到了使用更低的价格获得更多流量的目的，但是要注意在调价的时候幅度不要过大，按照 20%的幅度调，否则权重会快速下降。当调价到没有曝光的时候，应该快速恢复原价以免造成权重下降。

调价一定要慎重。可以调整时间折扣而不直接调价，因为直通车价格调整会存在反映延迟的问题，也就是说会有一段时间系统不会立刻给你的直通车展现曝光位，因此不要随意改动关键词出价。

我们在调整价格的时候要尽量调整人群溢价和时间折扣，最好不要随意调整关键词出价。

5.7　直通车培养权重的策略

很多新手卖家只要开直通车就在一款商品里放几十个不同的关键词，其实这是错误的。这样会由于点击率一直比较低且点击量不高，从而导致权重一直很低。新商品开直通车培养权重的方法如下：

（1）新建 3 ~ 5 个转化率最高的关键词。

（2）关闭站外推广，按照直通车提分方法，利用优化出价、地区、人群等方式提高点击率。

（3）在点击率合格的情况下，慢慢培养点击量、培养商品权重。

（4）当关键词分数提高以后，再拓展词的数量，这时拓展出的关键词出价都很低，从而达到低价引流效果。

（5）培养好计划权重，在同一个计划内再添加商品推广，按照上面步骤继续培养。

（6）当计划中培养了多款合格的商品之后，再添加其他商品，这样初始 PPC 会非常低，从而达到全店低价引流的效果。

5.8　直通车的人群概念

直通车的人群非常重要，人群不仅可以提高店铺的千人千面标签权重，让你的商品更好地展现在目标人群面前，还可以提高关键词的点击率。

1. 直通车打标签

一般来说，我们选人群是选人口属性人群，如图 5.10 所示。其他人群展现量并不高（对于新店）。

图 5.10

根据人口属性，尤其对于大类目，我们可以选择性别、年龄、月均消费额度，使得商品更加针对我们的客户群体，如图 5.11 所示。

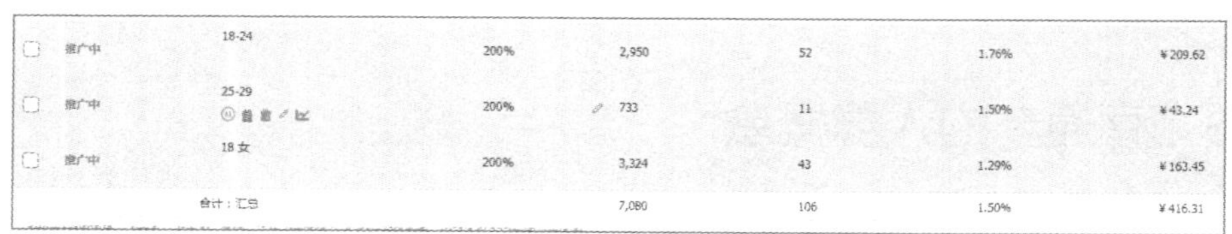

	推广中	18-24	200%	2,950	52	1.76%	¥209.62
	推广中	25-29	200%	733	11	1.50%	¥43.24
	推广中	18 女	200%	3,324	43	1.29%	¥163.45
		合计：汇总		7,080	106	1.50%	¥416.31

图 5.11

我们可以根据人口属性、点击率、投入、产出等选择最需要的人群，删除拖后腿的非目标人群，以强化我们的商品和店铺标签。

2. 提高点击率

人群出价依照关键词出价的人群溢价后扣费。例如，关键词出价为 1.00 元，溢价比例为 50%，人群出价=1 ×（1+50%）=1.5 元。我们一般遵循低出价、高溢价的原则。也就是说，溢价最好能达到 300%，把关键词出价调到最低，让我们的商品只出现在目标人群眼中，如图 5.12 所示。

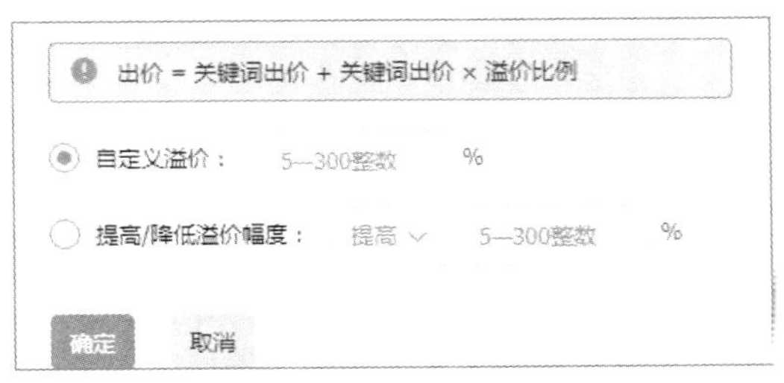

图 5.12

实际上淘宝并不会让你这么做，很多人发现，虽然你的溢价很高，但是当关键词出价低到一定程度时，曝光也消失了，这是因为淘宝也是要赚钱的，因此还是要根据实际出价情况调整出价。

5.9　直通车的定向推广功能

直通车的定向推广功能主要是定位人群标签和手淘首页流量，因此我们应该将站内定向推广溢价到最高展现以提高“猜你喜欢”手淘首页流量，如图 5.13 所示。

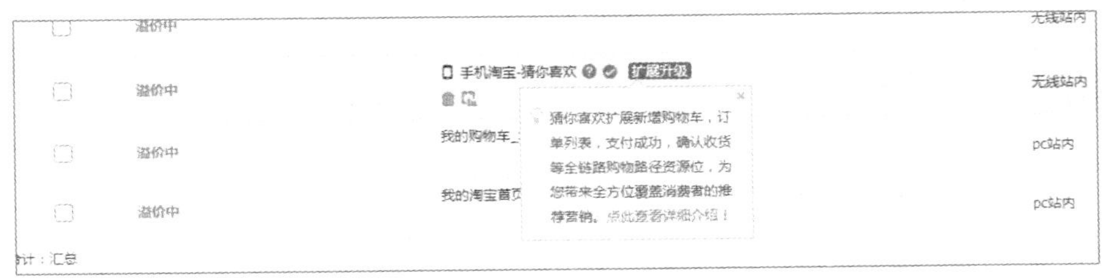

图 5.13

5.10 直通车的批量推广功能

直通车的批量推广功能是一个智能化的推词工具。批量推广里面自带的功能有测款策略、平销策略和活动策略，如图 5.14 所示。

批量推广的核心优势如下：

更好效果：智能化快速获取优质流量，没有经验的新手推广批量计划的效果一般来说是高于标准计划的。

更高效率：极简便的推广设置，1 分钟即可完成推广。

更多场景：同时支持单商品和多商品推广，满足日常销售、新品测款和活动引爆的不同需求。

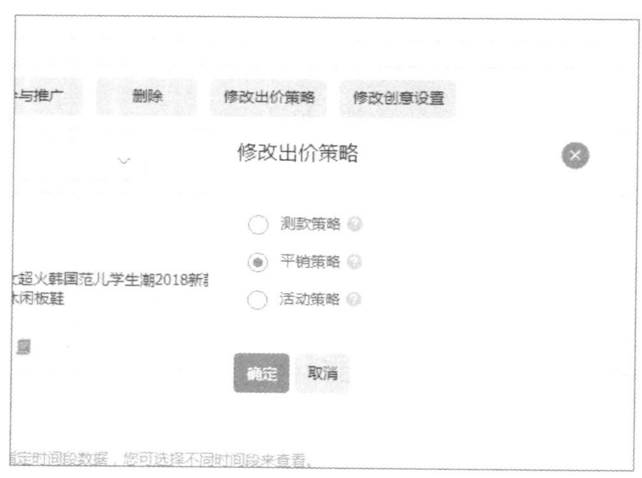

图 5.14

对于新手卖家来说，批量推广可以快速选词推广，而且非常智能，只需要调整出价即可，有时候推广效果比直通车老车手调整得更好，因此也建议老卖家同时新建一个批量推广计划。

5.11 直通车与自然搜索流量的关系

很多新手卖家特别急切地问直通车和自然搜索流量的关系，其实自然搜索流量和直通车虽然都有权重，但是它们的权重传递是单向的。自然搜索流量权重再高也不可能让直通车 PPC 降低，而一个好的直通车可以提高自然搜索流量的权重，这就是为什么有的商品流量还不错，但是直通车开得很差，PPC 很高，而有的商品的直通车开得好，能增加自然搜索流量。

除了直通车、钻展和淘宝站内活动，客户购买等都会影响自然搜索流量的权重。在目前的市场上，纯靠直通车推广盈利是很难的，但是直通车可以增加自然搜索流量。我们考虑直通车的投入和产出就要站在全店的角度上考虑，花费了多少直通车费用，得到了多少产出，增加了多少自然流量，自然流量又带来了多少产出，可以综合起来考虑对直通车的投入是否值得。虽然有时候开直通车会有一点亏损，但是为了增加自然搜索流量，还是要开直通车的，因为从整体上来说店铺是赚钱的。

直通车带动自然搜索流量的结果也需要看直通车的投入、产出和转化率，有的直通车开得很大，但是自然搜索流量始终无法上升，这时就要考虑转化率。有很多案例是高车费砸出大爆款的，那是老直通车车手在对商品、行业、数据、竞争情况非常熟悉的情况下开直通车。新手卖家如果对数据不理解，就不能盲目加大直通车推广力度，应该对直通车的人群、关键词、出价等进行优化，等到店铺权重或者层级爆发后再适当加大直通车车费，直接用直通车砸到亏损的例子比比皆是，因此新手卖家一定要慎重。

5.12　直通车的各种玩法

1．土豪玩法

有资金且对自己的商品数据有信心的土豪卖家开直通车的方法相对简单，只要把某些关键词放到高展现位置，推广所有计划、所有商品的关键词。只要商品不差，按照直通车原理 PPC 会快速降低。这种方法适合经验足、有胆量的老卖家和老直通车车手。

2. 广撒网玩法

不考虑直通车权重的影响，运用多个计划和多个商品，将商品推广计划中所有关键词加满并且用低价做引流，这种玩法适合某些转化率较高的商品。

3. 使用引流工具，稳妥玩法

按照本章讲的选择直通车关键词、时间折扣、投放区域、拖价等方法，先提高账户的整体权重，再增加关键词，当达到既不赚又不赔时，扩大推广商品数量和计划数量，这也是大多数卖家的玩法。

由于直通车牵扯到资金，一定要根据自己商品的情况亲自操作和调整，直通车数据分析一般是看直通车的数据报表，进而根据数据报表对创意质量、关键词、计划、点击率、投入、产出等做整体统筹。一定不要纸上谈兵，要重视实操，要根据自己的商品操作出感觉。

本章习题

1. 学会用直通车测款、测图，试着删除不合格的图片。

2. 学会调整时间折扣。

3. 学会调整直通车的投放区域，你的投放区域还是全开的吗？

4. 学会新建一个批量计划，看看是自己的直通车开得好还是批量计划的效果好。

5. 学会为自己的直通车选关键词，什么样的词效果最好？什么样的词应该删除？为什么？

6. 试着用直通车定向推广自己的商品，观察生意参谋是否有“猜你喜欢”曝光？同步观测直通车定向推广是否比关键词推广点击率更高？

7. 在人群溢价中进行关键词低出价、高溢价，关键词出价低到什么价格时，溢价再高也没有曝光了？

8. 学会建立 PC 端和移动端两个直通车计划。

9．做一款商品拖价。如果没有成功，请分析为什么没有成功。

10．进行自己商品的人群溢价，分辨出自己店铺的商品适合哪个人群。

11．尝试培养出计划权重，成功了吗？为什么？

12．观察自己的店铺，开直通车花费了多少钱？开了几天？开直通车这几天自然流量上升了多少？都是什么渠道的自然流量？

思考题

1．使用本章的方法，你的直通车推起一定的自然流量了吗？赚钱了吗？如果一直不赚钱或者亏损，你认为自己的直通车该怎么开？

2．和朋友讨论各自的直通车推广策略。

第 6 章

淘宝客推广方案

本章要点：

- 淘宝客的定义与特点
- 淘宝客推广的目的
- 淘宝客推广的几种模式
- 与淘宝客合作需要做什么
- 新品的淘宝客玩法
- 淘宝客推广的目的和效果
- 淘宝客的后续维护
- 淘宝客分享功能

6.1　淘宝客的定义与特点

（1）淘宝客。淘宝客相当于淘宝中的“微商”，即通过各种方式找下线推广或者招代理，淘宝客自己是没有货源的，只能和卖家合作推广货源，原则上只推广有货源的商家的货，但是我们也可以取点巧，让淘宝客推广 1688 一件代发的货。淘宝客有自己做的，也有公司或者团队合作的，主要的推广方式有 QQ 群推广、抖音推广、微博推广、微信推广。由于微博和微信本身的图像表现特性，更易于进行商品的推广，淘宝客还可以自己建立 U 站和网站推广，利用百度 SEO 进行外部导购网站的推广。以前有的淘宝客做百度竞价或者其他搜索引擎的竞价推广，由于这种方式太贵，目前已经很少有人使用，淘宝客推广渠道如图 6.1 和图 6.2 所示。

（2）淘宝客的付费方式是 CPS（Cost Per Sale，按照成交付费），而钻展的付费方式是 CPM（Cost Per Mille，按照展现付费）。另外，淘宝直通车和钻展的付费方式都有 CPC（Cost Per Click，按照点击付费）。对于中小卖家或者对自己商品没有自信的卖家来说，CPS 方式是很有诱惑力的，因为没有成交压力，不需要预先花钱，只有在交易成功后才付费。对于中小卖家来说，不需要预先出钱，这种方式是相对来说很“安全”的。

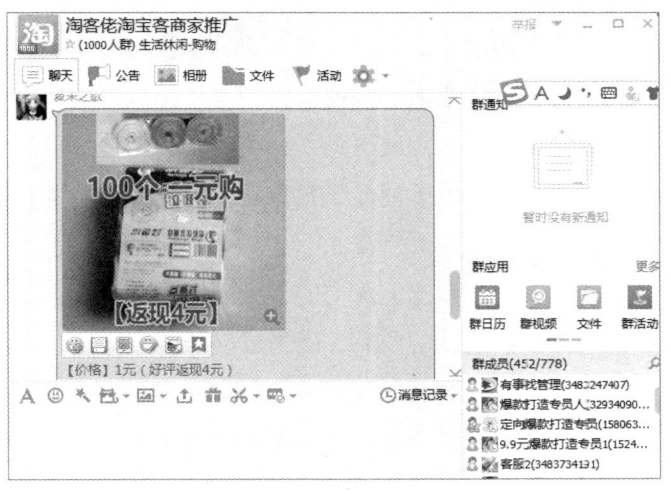

图 6.1

9.9 全场包邮	**九块邮** 自定义 国内首家9.9元包邮秒杀网站，每天10点数百款超值商品准时开抢。网站商品均由资深小编挑选、职业...**查看详情>**	13275962人使用 2999432	237347人喜欢 49142	2013-03-07
折800 天天9块9	**折800官方优站** 自定义 折800（原淘800）www.zhe800.com，致力于精选每日优质淘品，聚合由淘宝商家提供的超划算网购...**查看详情>**	7420874人使用 1786865	173174人喜欢 47009	2013-03-21
卷皮 JUANPI.COM	**卷皮折扣** 自定义 卷皮折扣为卷皮网旗下产品。所有折扣均为卷皮达人分享小编精选而来！...**查看详情>**	6673713人使用 2686260	144219人喜欢 55589	2013-03-07
	时髦圈 自定义 时尚编辑为你推荐又少、又好、又难找的潮流尖货；穿衣搭配服装推荐。在线时尚“杂志”导购。女装...**查看详情>**	3885696人使用 107756	172685人喜欢 31332	2012-11-01

图 6.2

（3）中小卖家都喜欢把自己的商品让淘宝客推广，但是淘宝客的资源是有限的，他们到底会优先推广什么样的商品呢？淘宝客不会给你雪中送炭，只会锦上添花，即他们不喜欢 0 销量、0 评论甚至 0 信誉的店铺，喜欢推广大爆款，这样他们自己的成交量才会更大，利润也会更大。

（4）淘宝客推广商品的主要决定因素有 3 点：①价格。淘宝客是走量的，淘宝客的买家基本上是在各种渠道上看到的、由于价格便宜因此购买压力不大，他们的推广方式是低价卖给大众，由此可见，大类目（如箱包、鞋帽）的推广效果最好，而高客单价的家具或者电子商品是很难卖的。此外，淘宝客也比较难推广食品类目，这也是经验。因此，价格在 50 元以下，给淘宝客 15 ~ 25 元利润的商品是最好推广的。②销量。在淘宝上成交的很大因素是评论数量和好评数量，同样淘宝客也喜欢推广评论数量多的商品，因为成交的概率会比较大，自己的推广资源和时间精力不会浪费。③商品的款式。淘宝客喜欢推广大类目的箱包、鞋帽商品，并且这些商品肯定要是应季的，反季囤货的商品不好推广，而且淘宝客也不愿意推广。很多淘宝客会看商品的款式，对于他们觉得受欢迎的商品，他们就会加大力度推广，他们的判断标准就是评论和销量。如果你的商品实在不好，那么再忠心的淘宝客也只会推广一个月就不会继续推广了。

（5）淘宝客推广既有优势又有劣势。优势：淘宝客推广是成交以后给钱，中小卖家的资金压力比较小，成本可控，不会乱“花钱”。劣势：对于中小品牌来说，客户对商品品牌的忠诚度和认知度比较低，淘宝客从 QQ 群、站外等各个渠道推广引来的买家层次比较复杂，标签不准确，客户都是看到商品便宜、性价比高才来的。因此我们不宜让淘宝客推广价格太高或者太低的商品，同时淘宝客推广引来的很多买家都是淘宝客的朋友或者淘宝客自己，他们通过鹊桥活动或阿里妈妈联盟等渠道看到这个商品价格低、值得购买，才来店铺购买。这些人是淘宝中的“老江湖”，都是贪图便宜才来购买的，这些人对品牌、商品口碑和客户的积累几乎没有作用。

6.2 淘宝客推广的目的

淘宝客和其他推广工具的推广手段和方式是不同的。卖家使用淘宝客推广可以积累基础销量、增加商品的后续转化率。从这点来说，淘宝客类似于天天特价活动，淘宝客活动中的鹊桥活动也有点类似于站外活动。鹊桥活动的大部分活动针对大类目，更有针对性。淘宝客推广主要有以下 4 种作用。

1. 积累基础销量

一个没有销量的新款是很难推广的，使用淘宝客推广会积累大量基础销量，而且淘宝客推广安全，基本不会被降权，也省钱。

鹊桥活动积累基础销量及评论的案例如图 6.3 所示。

2. 增加销量和权重

众所周知，淘宝的商品销量是有权重的，虽然目前被淡化了很多，但是还是有的，大概是 30%。淘宝客推广积累的销量会增加商品的 PC 端和无线端的展现量，有的买家人群很精准，甚至还会带来人群标签流量和渠道展现（根据买家号的情况而定），这样会给商品加权，淘宝客推广的销量大的商品会带来一些自然成交单。

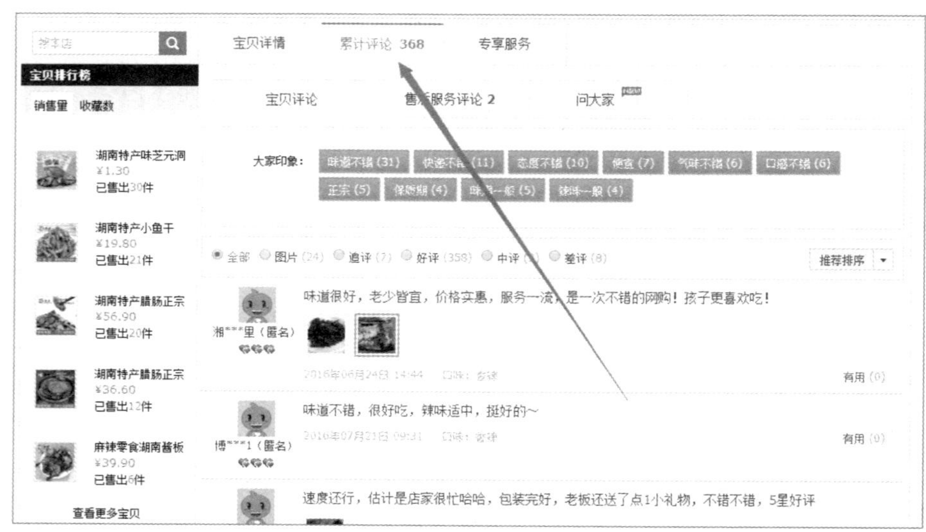

图 6.3

3. 提高转化率

买家都喜欢买销量高的商品，销量高代表点击率高、点击量大，在评论比较好的情况下，转化率也会比低销量商品的转化率高，这也是基础销量带来的作用。

4. 测款

测款的工具一般是直通车，因为直通车中的收藏、加购和成交数据比较精准，并且可以实时监控，但是在缺乏资金、不开直通车的情况下，用淘宝客中的如意投测款也是一个不错的选择，如图 6.4 所示。在销量相同的情况下，可以看到哪些商品的展现量大、点击率高、成交量大，甚至在自然流量少的情况下在生意参谋后台也可以看到收藏和加购情况，当然用这种方式测款时间比较长，也没有直通车精准，这是一个缺陷，但是优点就在于免费。

6.3 淘宝客推广的几种模式

淘宝客推广主要分为以下几种模式，同时还包括一些衍生模式。

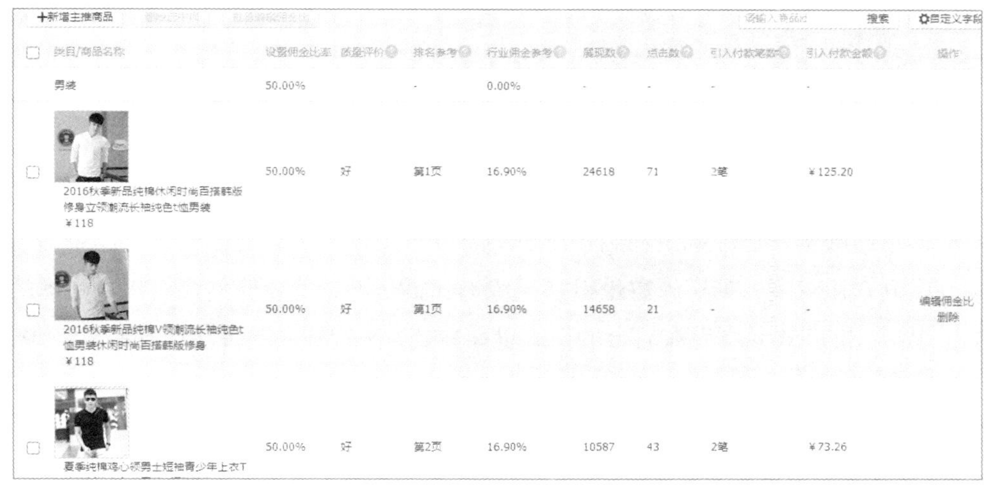

类目/商品名称	设置佣金比率	质量评价	排名参考	行业佣金参考	展现数	点击数	引入付款笔数	引入付款金额	操作
男装	50.00%		-	0.00%	-	-	-	-	
2016秋季新品纯棉休闲时尚百搭韩版修身立领潮流长袖纯色t恤男装 ¥118	50.00%	好	第1页	16.90%	24618	71	2笔	¥125.20	
2016秋季新品纯棉V领潮流长袖纯色t恤男装休闲时尚百搭韩版修身 ¥118	50.00%	好	第1页	16.90%	14658	21	-	-	编辑佣金比 删除
夏季纯棉鸡心领男士短袖青少年上衣T	50.00%	好	第2页	16.90%	10587	43	2笔	¥73.26	

图 6.4

1．通用计划

以个人淘宝客为主。卖家店铺在加入淘宝客以后，登录淘宝联盟，可以看到每个商品的佣金比率、佣金金额和销量，如图 6.5 所示。通用计划一般为零散的个人淘宝客为了获取高佣金而参加的活动，可以想象得到，淘宝客推广主要是看佣金金额、销量和评论。

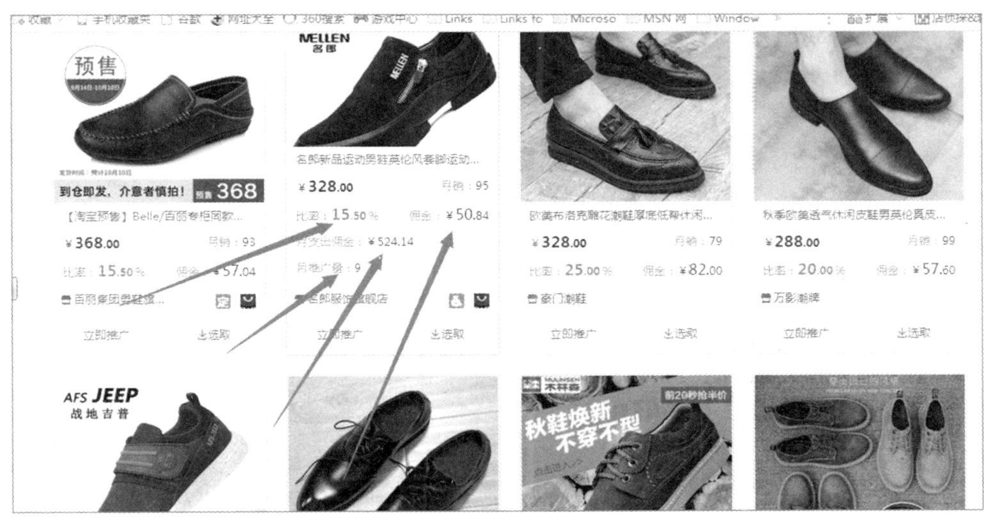

图 6.5

2. 鹊桥活动

鹊桥活动一般为大淘宝客联盟或者淘宝客公司进行的推广活动，鹊桥活动需要在淘宝客的活动广场中报名，一般都有佣金比率要求，佣金比率为 5%～90%，如图 6.6 所示，畅销款推广得最多。鹊桥活动一旦推广得好销量会非常大，卖家要根据自己的实际情况确定佣金比率，不要亏得太多，可以自己衡量。鹊桥活动的推广方式比较多，推广人数也很多，像 QQ 群、网站或者微信都有鹊桥活动的推广渠道，推广效果可以在后台的报表里面看到，比较好的鹊桥活动有淘宝客佬、K6 等。

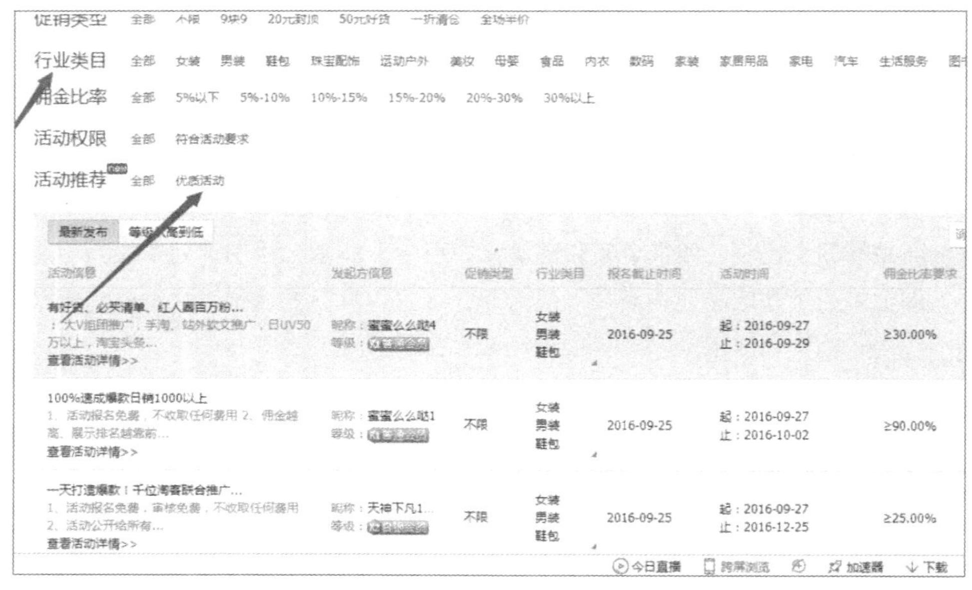

图 6.6

3. 如意投

如意投就是爱淘宝平台，是淘宝官方的导购网站，类似于淘宝自己的 U 站，每天有将近 300 万人的流量，也是一个非常大的活动平台，而且很多人都认为爱淘宝就是淘宝，爱淘宝里面的佣金是给阿里妈妈的，也就是给淘宝的，所以也是官方主推的平台，而且如意投的佣金比率比较合理，活动的佣金比率封顶为 50%。

爱淘宝的展现排名规则与扣费规则如图 6.7 所示，图 6.7 也显示了出价和排名原理。

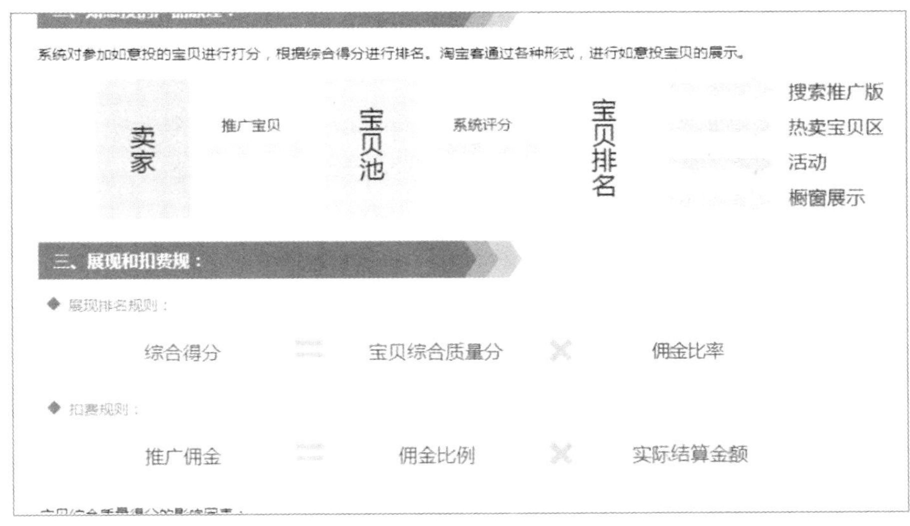

图 6.7

从图 6.7 中的两个公式可以看到，如果我们要得到最好的爱淘宝排名，那么就要注重佣金比率和综合质量分。佣金比率可以人为设定，如果综合质量分高，佣金比率就可以适当降低。综合质量分即淘宝中商品的综合权重情况，由 DSR（店铺动态评分）、销量、评论、收藏、加购、浏览时长等因素决定，所以一个爆起来的款投放如意投是很划算的，可以花最少的佣金得到最好的排名，从而获得额外的成交量。

同时，在爱淘宝平台上成交越多，你的爱淘宝排名也会越靠前。

4. 定向推广计划

定向推广计划其实是用来圈淘宝客的，有很多长期稳定的大淘宝客和大店合作，因此定向推广计划适合有一定基础的店铺来做，小店虽然可以自己找大的淘宝客团队合作，但是如果没有资金和商品的基础也是很难合作的，这种和大淘宝客合作的方式对卖家资金和资源的要求比较高，因此不适合新手卖家和中小卖家。

5. 天天特价淘宝客推广

每次在报名天天特价活动的时候，我们都会看到有一个“参加淘客推广”的可选项，如图 6.8 所示。如果你参加过天天特价活动，那么可以看到淘宝客都是从通用计划来的，这是因为天天特价活动的很多商品是亏本冲销量的，淘宝客成交的概率大，所以很多淘宝客喜欢推广天天特价活动的商品。如果你是用来积累基础销量的，那么可以考虑提高天天特价活动的淘宝客佣金比率。

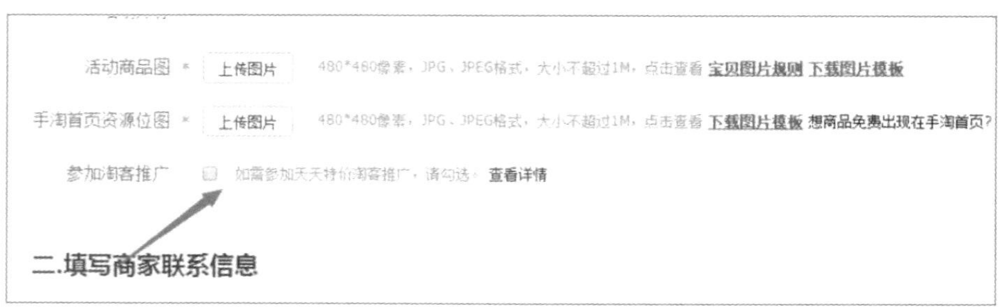

图 6.8

有的鹊桥活动对卖家其实是不划算的，在长达几个月的高佣金计划中，你觉得承受不了亏损了，只有两个方法解决：①下架商品；②退出淘宝客。注意：在退出淘宝客后 15 天内的成交还是会产生佣金的，所以建议卖家先退出淘宝客，再下架商品，等 15 天淘宝客佣金周期过了以后再上架商品。

从账户中退出淘宝客如图 6.9 所示。

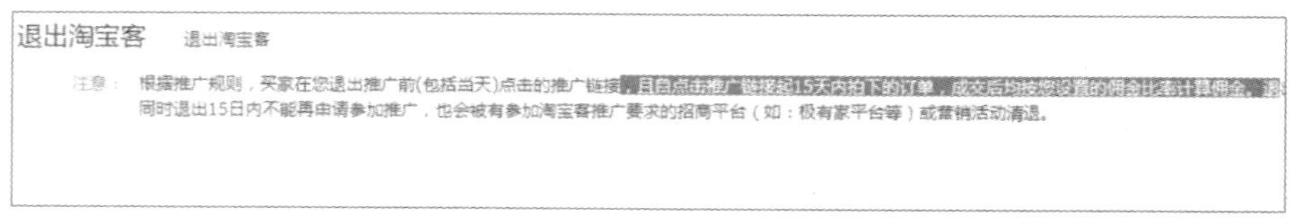

图 6.9

6.4 与淘宝客合作需要做什么

1. 做好基本功

这是老生常谈，款式、主图、详情页、评论、商品特性、市场趋势都要做到位，只有最好的商品才能引起淘宝客的重视。

2．联系淘宝客的鹊桥联盟

每个类目都有几个鹊桥活动是占优的，而不是每个鹊桥活动都有效，这要根据后台的数据积累。卖家可以重点联系几个带给自己大成交量的鹊桥活动，和鹊桥活动负责人建立联系，当有新品时随时进行推广。

3．淘宝客的维护

淘宝客维护的客户也是真实的买家，所以一定要注意客户的维护。如果卖家觉得是淘宝客推过来的客户而不重视、不注意服务态度，那么买家会向淘宝客反映，淘宝客自己的客户也将会流失，将不会有淘宝客给你继续推广商品。另外，在推广过程中不要随意改价，如果随意改价，那么淘宝客也不能推广。

4．亏本积累销量以后怎么做

淘宝客将基础销量做好以后，我们不能把这些销量浪费了，在销量和评论数量积累后，我们将会得到更高的转化率，下一步就是通过付费推广引进流量，从而进一步提高自然流量，这样前面的亏损才有意义。

在 2016 年中秋节，有一个著名的案例是华美月饼亏本事件。华美月饼用 1 个小时 20 分钟卖完 11 万件月饼礼盒，这是大公司的玩法，小公司玩不了，因为小公司没有这么多资金，同时也没有这么强大的品牌效应。但是它给我们的启示是，利用淘宝客推广虽然亏本但是能够快速积累销量和宣传品牌，一定要根据自己的实际情况做。

6.5　新品的淘宝客玩法

在新品上架做好基本功以后，有几个方式可以迅速引爆淘宝客推广。

1．客户购买+淘宝客推广

在新品上架后可以根据商品情况通过客户购买的方法打造基础销量，在图评和好评完善以后，加入通用计划、鹊桥活动、如意投，如果商品好就会产生一个引爆点，淘宝客会每天给你推广几十单而且你不会亏损。

2. 亏本+淘宝客推广

如果你想在前期迅速增加基础销量，那么需要利用淘宝客亏本推广，做高佣金鹊桥活动、高佣金通用计划和如意投。我曾经测试过男装店可以一天推广 100 单，食品店一天推广 390 单，食品店的推广方式亏本比较严重，并不可取，但是如果你对你的商品有信心，那么可以这样迅速抢占市场和增加销量。

3. 站外活动+淘宝客推广

现在外部导购网站的活动比较容易参与，虽然销量不计入权重，但是参加这些活动后积累的销量会刺激淘宝客，使得通用计划和鹊桥活动的推广效果会相当好。

4. 站内活动+淘宝客推广

在通过天天特价等站内活动积累销量以后，任何款式基本上都会有淘宝客推广，虽然积累的基础销量不多，但是也是比较省钱的办法。

2017 年春季和夏季，我们通过以上方法分别推爆了 4 个男装 T 恤店，我们测试的商品有男装、女装和女鞋，其中男装是销售最好的，女装一定要款式好才能推广，女装比女鞋更难推广，省钱推广法仅限于大类目，小类目只能采取严重亏本推广法积累淘宝客销量。

当然，以上的方法都是建立在商品好的基础上的，一个很差的商品再怎么推广也很难推爆，白白浪费时间和金钱，所以卖家在通过淘宝客推广亏本积累销量之前一定要通过直通车测好款式再进行推广。

6.6 淘宝客推广的目的和效果

下面系统讲一下用淘宝客推广的思路。因为现在淘宝商品的竞争太激烈，所以大部分正规的付费推广方式在淘宝上都是不赚钱的，推广方式都是以提高自然流量为目的的，淘宝客推广是锦上添花的工具，通过淘宝客推广，我们可以达到以下目的。

1．提高单品的转化率

销量高、评论数多、好评数多、攻心评可以带来翻倍的转化率，进而带来淘宝扶持。

2．纯赚钱

小卖家通过活动+淘宝客推广或者客户购买+淘宝客推广的方式，几个店可以收入近万元/月，这是经过我们实测的，个人卖家或者学生可以通过这种方式赚点小钱或者学费，但是非常辛苦，要实时观测数据。

3．洗货

过季的商品或者去年的商品，堆放着也卖不出去，特别是服装在线下只能按斤卖，通过淘宝客推广是一个不错的办法。

4．积累品牌效应

品牌效应对中小卖家没有任何作用，但是对自己的商品自信的卖家，比如杜蕾斯和华美月饼，使用淘宝客推广比使用其他方式推广要省钱并且易于积累商品优势。

用淘宝客的推广方式产生一个爆款是比较难的，淘宝客的目的是卖商品和积累基础销量，在这个基础上再使用其他推广手段引爆商品自然流量，目前销量权重占比比较小，只占 30%，但是也有一定的作用，比如，可以带来一些自然展现，带来一些自然单，但是如果纯粹靠这种手段是很难推爆商品的，还要结合其他推广方式进行爆款推广。

6.7　淘宝客的后续维护

在使用淘宝客推广方式进行推广后，卖家还要注意一些细节和维护方面的问题，具体有以下几点。

1．注意评论的维护、差评的维护

用淘宝客推广本来是为了积累销量和好评的，如果你用淘宝客推广反而得到一堆差评，那么就得不偿失了。淘宝客的客户贪便宜的特性决定了给差评或者主动要返现的人会比较多，所以要注意进行评论的维护。但是淘宝客的客户也是真实客户，如果淘宝客的客户购买商品后给了很多差评，那么证明这个商品的质量确实不行，也就不用再推广这个商品了，所以淘宝客的客户的评论也是一个测款的方式。

2．大的淘宝客资源的积累

通过淘宝客推广成功积累基础销量以后，在鹊桥活动中你肯定有了合作很好的团队，他们的推广手段和资源很适合你的商品。你可以加入他们的 QQ 群，和他们的管理员取得联系，在后续积累销量或者推出新款时可以继续让鹊桥团队优先推广你的商品。

3．后续推广

在利用淘宝客推广积累基础销量后不能放松，这是最关键的时候，需要采用其他付费推广方式结合客户购买的方式对商品进一步推广，以获取自然扶持流量，最终打造爆款。

4．维护客户

淘宝客带来的客户也是买家，需要留存和维护，商家可以在旺旺或者其他渠道上与淘宝客引来的客户联系，以后如果有更好的商品就可以直接推荐给客户，刺激他们购买。

很多职业淘宝客玩家都会联系客服说商品有质量问题，希望返钱“私了”，如果你私下退款给他，那么这些淘宝客不但不用出商品的钱，还能赚取淘宝客佣金，这点需要卖家注意。

6.8 淘宝客分享功能

淘宝客分享功能主要针对大淘宝客集团推广，集中约定好佣金，约定好计划推广，如图 6.10 所示。

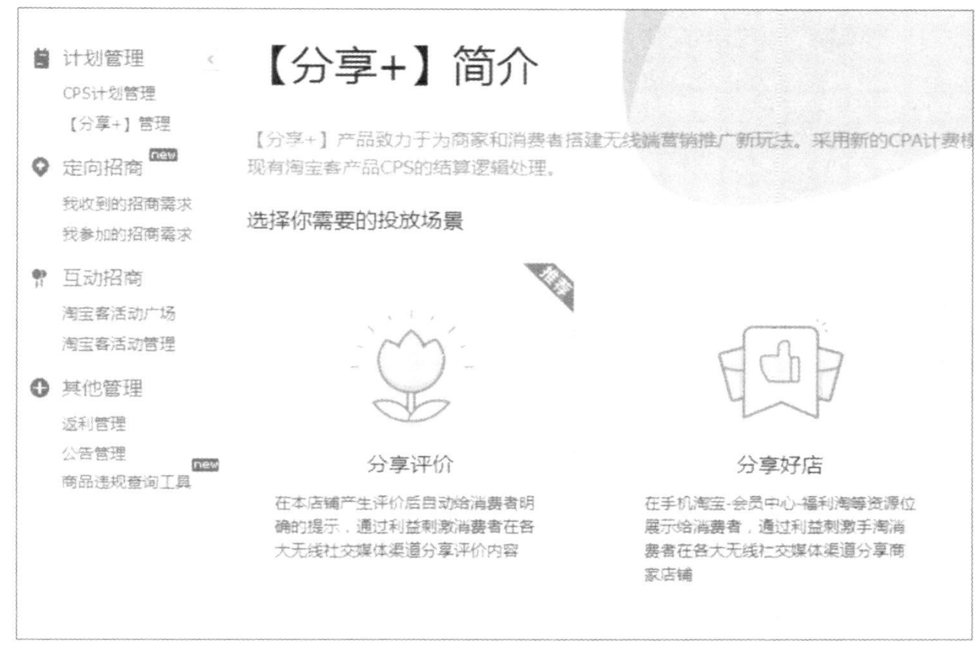

图 6.10

综上所述，淘宝客推广可以用来推广爆款与打商品销量基础，是一个很重要的推广方式和手段，只有多动手操作实践，才能把淘宝客推广玩得得心应手。

本章习题

1．淘宝客到底是哪些人？

2．淘宝客在哪里推广你的商品？

3．淘宝客会给你推广什么样的商品？

4．让淘宝客推广 1688 商品可以赚钱吗？

5．一个店铺可以让淘宝客推广多少个商品？

6．淘宝客的通用计划、如意投、鹊桥活动分别是什么？

7．相对于自然搜索，一个淘宝客的成交量权重是多少？

8．怎么防止买家走淘宝客渠道成交？

9．不用淘宝客推广生意就一定不好吗？

思考题

1．淘宝客推广适合哪些商品？能不能推广出爆款？

2．淘宝客推广会导致商品被降权吗？

第 7 章

淘宝站内活动

本章要点：

■ 参加淘宝站内活动的目的和意义

■ 天天特价活动

■ 淘金币活动

■ 试用中心与其他无线手淘活动

■ 淘抢购、聚划算活动

7.1 参加淘宝站内活动的目的和意义

从 2014 年开始，淘宝站外活动（如 U 站、折八百等）已经失去了意义，只是增加销量排序，而不增加权重。在千人千面标签时代，销量排序越来越弱化，很多卖家宁愿找大淘宝客推广，也不想参加没有权重的站外活动，因为参加站外活动的手续更加烦琐。

无论是淘宝站外活动还是大淘宝客推广，买家账号质量都不一定好，严重的有可能会有一定概率导致商品被降权。同时，这些淘宝客或者站外的买家都是因为便宜才购买商品的，对商品和品牌不会有任何忠诚度，只是对价格敏感。因此，越来越多的卖家争夺有一定权重或粉丝积累的站内活动坑位（如天天特价、淘金币、淘抢购、聚划算、试用中心，以及一些小的无线推广活动）。本章只介绍中小卖家都能报名的天天特价活动、淘金币活动和淘宝试用中心活动。常用的站内活动入口如图 7.1 所示。

图 7.1

运营最重要的是思路，在报名参加这些站内活动的时候，我们应该理解站内活动的好处与坏处，再结合自己的实际情况，梳理自己的操作，看看自己到底应不应该报名参加淘宝活动。

活动的好处：淘宝的站内活动成交会有一定的权重，在商品起款的初期，卖家可以把搜索和直通车相结合，快速推爆自然免费流量，对新款会起到推波助澜的作用。因此，很多卖家都会在新品上架后快速达到活动所需要的权重，再报名参加活动推广爆款，而且活动所带来的收藏与加购也会在商品后期发力。

活动的坏处：由于受到淘宝系统千人千面标签的影响，淘宝的站内活动同样会打乱商品或者店铺的标签，这种乱标签的直接后果是活动过后流量变得不精准了，使得商品的转化率大跌，进而导致自然流量下跌。所以，就算天天特价活动邀请卖家入驻，很多卖家都不敢用爆款报名参加活动，就是因为怕把爆款的流量扰乱。很多卖家都用新链接或者其他店铺的链接报名参加活动，在新品上架以后，想用活动带动自然搜索流量的情况比较多，而不是在爆款阶段报名参加活动。

7.2　天天特价活动

在 2017 年以前，天天特价活动是所有中小卖家最喜欢的活动。以前天天特价活动的流量很大，而且几乎不挑商品，1688 一件代发商品通过活动审核的概率也很大，很多商品只要有销量、有评论，在达到基础要求后综合考核上下架的权重，可能就会通过审核。我曾用这样的方法使得天天特价活动的通过率达到 80%。卖家可以在自己的手机短信中看到很多天天特价活动通知，如图 7.2 所示。

图 7.2

当时很多中小卖家在淘宝开店的目的就局限于通过多店铺用天天特价活动赚钱，用自然搜索和上下架权重的方法博概率，只要商品销量和属性做到位，天天特价活动是很容易通过审核的。参加天天特价活动的买家对价格特别敏感，因此特别容易乱标签，而且买家也容易给中差评和低 DSR，卖家一般都会在活动以后用直通车人群推广方式将标签改回来。我曾在 2017 年用腊肉参加了一次天天特价活动，半天时间卖出 1500 斤腊肉，如图 7.3 所示。结果完全出乎意料，我用了很长时间打包，后来与购买客户沟通后才知道很多人根本不需要买腊肉，只是因为当天特价活动腊肉便宜才购买。后来低价购买腊肉的客户带来的差评太多，DSR 直接下降到 4.2 导致店铺没有流量了，所以做活动的卖家一定要注意自己的价格和商品质量。

图 7.3

本来天天特价活动是帮助小卖家迅速积累销量和权重层级、让新卖家脱颖而出的，但是有时候并没有达到这些效果，很多卖家反而变成了活动专业户或者用 1688 商品参加活动，这样的情况其实是淘宝不希望看到的，于是就开始了改版。

2017—2018 年，天天特价活动一再改版，从三心店铺准入标准提高到三钻，并允许皇冠和天猫卖家入驻，最后又降低到一钻标准，而且天天特价活动部门并入天猫活动部门，参加活动的商品也逐渐增多，如图 7.4 所示，因此分摊到每个商品上的流量也下降了。在 2018 年 5 月新版天天特价活动中，我的天猫店铺曾有两个商品同时参加活动，得到的流量只有 2000 个，可见天天特价活动已经不是中小卖家盈利的工具，而是一个真正的流量扶持入口，帮助有特色的中小卖家积累权重和信誉。

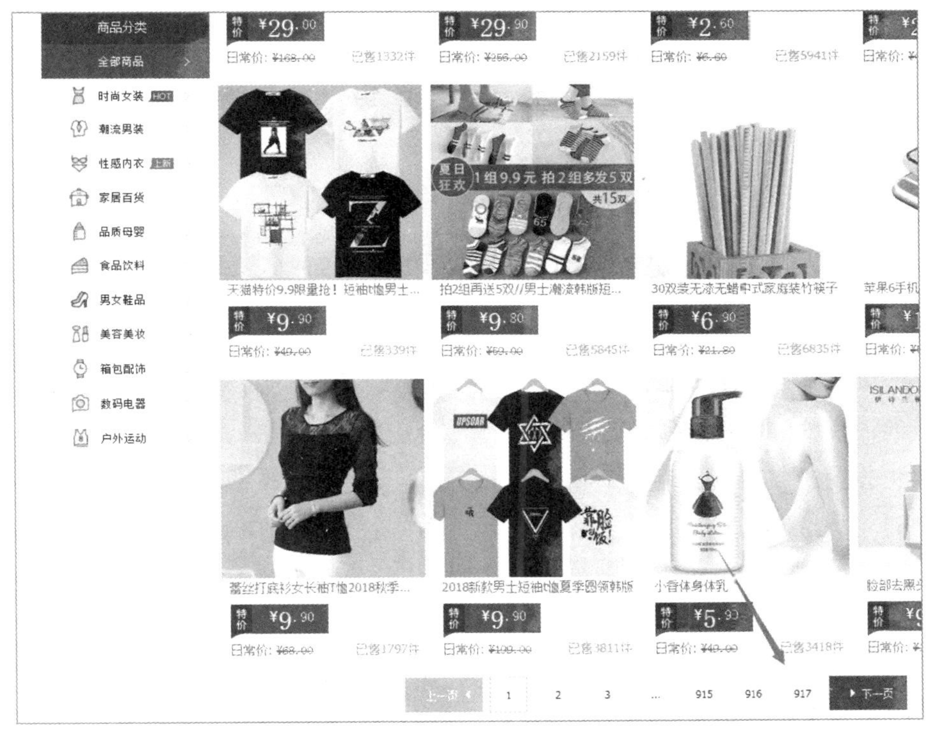

图 7.4

虽然天天特价活动的流量下降了，但是活动变得更加公平了，并且提高了作弊的成本，只要是优秀的商品，还是能够脱颖而出的，所以还是适合中小卖家研究的。天天特价和淘抢购、聚划算不同，是机器审核的，因此我们可以用一些方法提高活动通过率，下面介绍一下天天特价活动报名的技巧。

7.2.1 参加天天特价活动的目的

（1）积累基础销量和评论数量，获得淘宝销量权重的扶持流量，提高转化率。

（2）用于起款、推广爆款。在新品上架后，我们会用操作自然搜索流量和直通车的方式推广，如果正好在爆款节点上始终突破不了，一个低价的天天特价活动就可以将你的商品推爆，有时候怎样推广都不爆的商品只要参加一个活动，免费流量就涨起来了。

（3）测款。在资金不充裕的情况下，可以不用直通车测款，参与天天特价活动，从同行卖家商品的表现中可以看出你的商品到底行不行、有没有成为爆款的潜力。

7.2.2 报名的基本条件

近两年天天特价活动的报名条件一改再改，2018 年 8 月最主要的条件如下。

1．报名的主要店铺条件

淘宝店铺的信用等级为一钻及以上。不同类目通过的商品不一样，比如男装类目的很多坑位就留给了天猫店铺。另外，开店时间必须在 90 天以上，且不能有违规扣分。

2．库存及销量

（1）报名商品库存须在 50 件及以上。

（2）报名商品近 30 天的历史销售记录必须在 5 件及以上。

（3）报名商品若为淘货源认证淘宝商家提供的 1688 商品，无历史销量要求。

3．DSR 要求为 4.6 以上

DSR 的基本要求为 4.6 以上，其实 DSR 为 4.8 以上是最好的，越高越容易通过。

4．报名次数

（1）一个商家在 1 个自然月内最多可以参加 5 次活动，每次活动最多可报名 1 个商品（这是 2018 年 8 月的新规，我在 5 月时还同时通过审核了两个商品）。

（2）从商品报名开始到活动结束前，商品不允许重复报名。在此期间内，若未通过审核或活动取消，可以再次报名。

7.2.3 高通过率要点

1. 报名的审核要求

不管是天天特价、淘抢购，还是聚划算，参加任何站内活动都需要对比参加活动的同行数据，有些同行数据看不到，如点击率、点击量、跳失率、转化率等，但是有些数据是可以统计的，如收藏人数、加购人数、成交量、好评数量、图评数量、中差评数量，以及有没有开直通车、有没有开淘宝客、有没有开公益商品、有没有运费险、有没有七天无理由。淘宝官方对于天天特价活动报名审核要求如下。

本着对消费者负责的原则，针对所有报名商品，天天特价活动将根据包括但不限于如下条件择优选择高品质商品参加活动：

（1）报名商家及商品符合当前活动的场景要求。

（2）报名商品根据商品日常销售、潜力等条件综合考量，包括但不限于商品成交额、店铺主营类目的日销排名等维度。

（3）店铺主要根据店铺日常销售、店铺营销平台表现等综合条件进行筛选，包括但不限于如近 30 天店铺成交额等。

（4）同时将参考店铺三项 DSR、纠纷退款率、诚信经营等体现店铺服务和质量水平的指标。

也就是说，官方的解释是权重不太重要，主要看你的店铺历史主营商品、历史销售数据和商品潜力。这些数据来源的依据和参照物就是正在参加天天特价活动的同行商品，综合它们的各项数据。虽然天天特价活动规定了作为参考的最低报名标准，但是如果我们的数据高于同行各项数据的平均值，就会更加容易通过审核。

我们用正在进行的天天特价活动中几个女装商品作为案例分析，如图 7.5 和图 7.6 所示。

搜索展现
淘宝展现（2）
淘宝直通车（0）
无线展现（0）
无线直通车（0）
魔镜
moojing.com
查排名
宝贝销售监测
店铺销售监测
风衣女中长款韩版秋季2018新款时尚翻领长袖系带收腰显瘦过膝外套
价格
¥58.90
淘宝价
¥46.40
54
累计评论
135
交易成功
看店宝：宝贝分析 评价下载 全店销售 店铺分析 DSR计算 店铺上新
店侦探：店铺日销售分析 宝贝日销量 宝贝展现词 无线展现词 直通车分析
优惠
淘金币可抵0.92元
淘宝客
提示：该宝贝未参与淘宝客
配送
广东广州 至 湖南长沙雨花区
快递 免运费
72小时内发货
淘客助手
未登录淘宝联盟
优惠券
价格平稳
推广数据
同类对比
尺码
S M L
颜色分类
数量
1
件(限购20件)
收藏宝贝（2134人气）
分享

图 7.5

[dianzhentan.com] 下架：获取失败 类目：毛针织衫
改价
查排名
淘宝客
同款货源
监控此店铺
搜索展现
淘宝展现（0）
淘宝直通车（0）
无线展现（0）
无线直通车（0）
披肩女士秋冬新款披风斗篷中长篷围巾外套办公室百搭蝙蝠衫毛衣女
价格
¥108.00
淘宝价
¥24.72
天天特价
35
累计评论
153
交易成功
看店宝：宝贝分析 评价下载 全店销售 店铺分析 DSR计算 店铺上新
店侦探：店铺日销售分析 宝贝日销量 宝贝展现词 无线展现词 直通车分析
魔镜
优惠
淘金币可抵1.23元
淘宝客
提示：该宝贝未参与淘宝客
配送
浙江嘉兴 至 湖南长沙雨花区
快递 免运费
24小时内发货
淘客助手
没有淘宝客佣金
优惠券
正在查询...
推广数据
同类对比
尺码助手
尺码
均码【85斤-140斤好穿】
颜色分类
数量
1
件(限购5件)
立即购买
加入购物车
收藏宝贝（398人气）
分享

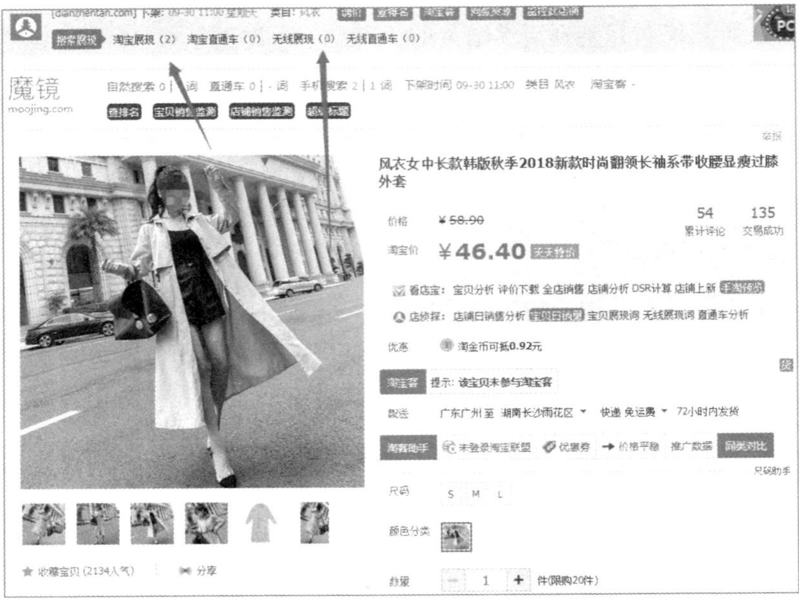

图 7.6

综合女装同行案例，我们可以看到通过审核参加活动的商品权重并不高，DSR 为 4.6 也可以通过审核，评论数量只有三五十个。我们要总结出目前参加活动的商品的好评数和销量等数据，高、中、低数据都要总结，从而形成自己类目报名的最低权重依据。所以，女装报名天天特价活动的最低要求应该销量为 30 个以上，图评为 10 个以上，收藏人数为 120 个以上，DSR 最好为 4.7，这些数字绝对不是猜测的，而是来自经验和对比的。

2. 历史数据与主营占比

在报名天天特价活动时，历史数据和主营占比是加分项或者减分项。目前活动规定主营占比最少为 90%，大于 90%（如达到 100%）是加分的。很多人不知道为什么报名通过审核了，是因为其满足了活动审核的条件。另外，如果商品以前销量高，曾经参加过天天特价活动并且售罄了，这种情况就会加分。对于这点，很多经常参加活动的人应该能体会到，一旦一个店铺的一个商品参加了活动而且卖得还比较好，那么同店其他商品再去报名，会很容易通过审核。如果店铺突然改变主营类目了，还想参加活动，那么建议用一个新店参加活动，主营占比对审核的影响就这么大。

3. 报名时间

以前报名时间特别重要，但是现在天天特价活动把报名商品弱化，很多时候日常活动都没有入口。天天特价活动如图 7.7 所示。所以，我们尽量在下架日报名活动。

4. 报名价格

报名价格越低越好，但是我们也要根据自己的实际情况，毕竟我们参加活动不是为了亏本的。

综上所述，目前提高主营占比、优化下架时间等可以提高天天特价活动的通过率。现在商品的权重已经相对弱化了，所以，想要报名的卖家可以优化以上几个方面。

图 7.7

7.3 淘金币活动

天天特价活动目前是被弱化了的，现在起款要多结合淘金币等其他站内活动，淘金币的操作其实也很简单，开店 90 天以上、四心等级的店铺就可以参加活动，如图 7.8 所示，具体操作步骤如下。

图 7.8

1．赚金币

如果你的商品适合淘金币推广，那么我们前期必须多积累一点淘金币，我们应该赚取买家的淘金币，设置金币抵扣比例为最大的 10%，如图 7.9 所示。

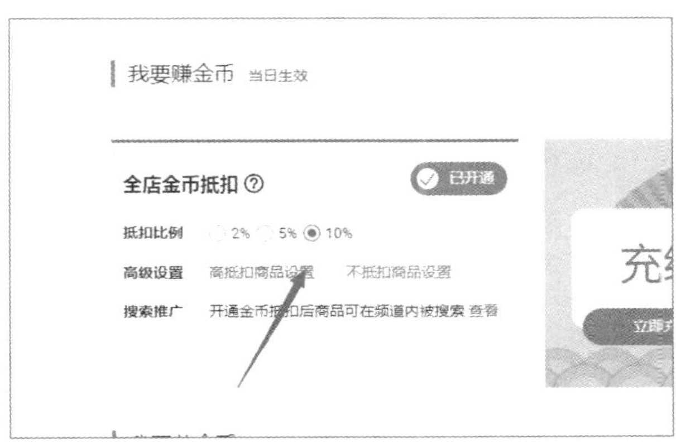

图 7.9

2．投金币

淘金币的曝光最主要在“每日币抢”和“我要花金币”，分别如图 7.10 和图 7.11 所示。“每日币抢”的报名也是需要考核权重的，因此可以结合下架时间下架。

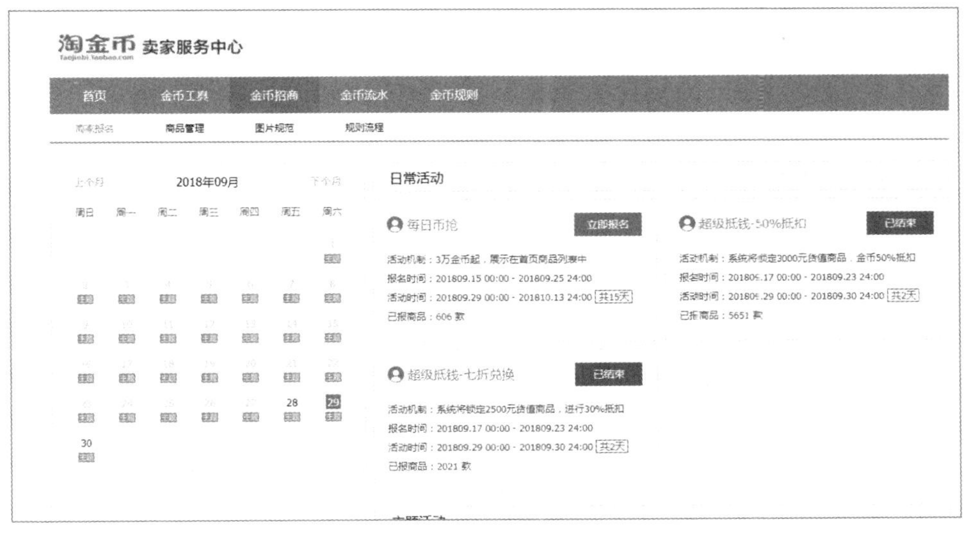

图 7.10

图 7.11

3. 淘金币的作用

有过淘金币推广经验的卖家都知道，淘金币推广并不适合所有商品，有的商品根本花不出去，淘金币的流量主要在手淘首页的“领金币频道”引入，淘金币推广的效果与商品属性和买家人群有关。

淘金币的转化率是比较低的，甚至低于手淘首页的转化率，如图 7.12 所示。这也与客户意向度有关，但是金币成交的权重并不低。我们要做的就是找到合适的金币商品，在这个基础上积累大量的金币，如果能花出去，就可以引来大量流量，带来成交！

来源名称	访客数	下单买家数	下单转化率
手淘搜索 较前30日	41,435 -11.37%	1,284 +2.31%	3.10% +15.44%
直通车 较前30日	38,262 -12.58%	920 -9.89%	2.40% +3.07%
手淘淘金币 较前30日	16,553 +1.49%	197 -3.90%	1.19% -5.31%
手淘首页 较前30日	11,127 -33.28%	173 -29.10%	1.55% +6.27%
购物车 较前30日	8,728 -7.05%	1,587 -3.41%	18.18% +3.92%

图 7.12

7.4　试用中心与其他无线手淘活动

试用中心属于赔本赚人气，对店铺的好处在于试用流量会给店铺带来大量的访客，如果你的商品足够好，那么没有领到试用商品的客户也会给你的店铺带来大量的店铺收藏，如图 7.13 所示。在微淘和粉丝时代，这就意味着会有更多的后续成交，大量的试用报告也可以给你的店铺带来大量的流量和评论，如图 7.14 和图 7.15 所示，提高你的商品转化率。

图 7.13

无线手淘活动：淘宝还有其他一些小的无线活动，如图 7.16 所示。如果有中小卖家能报名的、能给商品打活动标签的活动，就尽量报名，这也是我们每天运营的工作之一，能带来一点流量对于我们来说都是有利的。此外，卖家能否通过试用中心和其他无线活动的报名审核主要看商品权重的大小。

远远童装男童拼接卫衣春秋新款
发表于 2018-09-21 22:48

商家推荐理由
春秋季温度十几度到二十多度都可以哦

综合评分： ★★★★★ 5.0 分 强烈推荐

款式： 5　　面料： 5　　商品做工：
舒适性： 5

试客背景

职业：全职妈妈　　星座：白羊　　宝妈孕期：已出生
个性标签：屌丝　　年龄：25-29岁　　宝宝性别：女宝

宝贝整体

宝贝收到，女孩穿上也很漂亮，质量非常好，纯棉的，柔软，设计风格很特别，值得购买

图 7.14

支付
蚂蚁花呗
信用卡支付
集分宝
第一次淘宝购物？购物须知
我有银行卡，如何支付
没有银行卡，如何支付
支付保障，交易安全
宝贝详情
累计评论 11
专享服务
手机购买
本店搜索
WELCOME TO MY SHOP
关键字
价格
搜索
宝贝评论
全部
图片 (6)
好评 (11)
中评 (0)
差评 (0)
试用报告 (2)
推荐排序
宝贝收到，女孩穿上也很漂亮，质量非常好，纯棉的，柔软，设计风格很特别，值得购买 纯棉的，孩子穿着舒服，质量好袖子的设计风格很特别，时尚一族的首选帽子的字母也是秀上去的，手工很好，没有线头 整体衣服还是很不错的，女孩男孩都可以穿，比较中性很漂亮，宝贝很喜欢，时尚，比较潮拼接的设计，很好，个性，时尚的卫衣 优点：宝贝整体的搭配很不错，拼接的卫衣，薄厚适中，上幼儿园也可以穿，舒服，值得购买 缺点：个人觉...
宝贝推荐
WELCOME TO MY SHOP
RMB 79.00

图 7.15

淘营销 淘宝官方营销活动中心
yingxiao.taobao.com
搜索
首页
淘宝嘉年华
行业营销活动
品牌活动
无线手淘活动
去啊旅行活动
活动资金助力
淘营销论坛
营销日历
帮助
全网大促
所属行业
特色市场
所有活动
我能参加的活动
邀请我参加的活动
我收藏的活动
邀请我的重点活动
最新发布时间
报名开始时间
活动开始时间
商家赋能
报名剩余 长期招商
【手淘推广招商】店铺涨粉引流活动火热中
活动关键字：
已报名：297652 活动时间：
推荐指数：
立即报名
淘宝农资
报名剩余 6天6小时
秋分养膘-饲料/营养品/兽药/鱼料/器具
综合
报名剩余 24天6小时
阿里体育卡币商城-秒杀品资源置换主题活动
已报名：1781 活动时间：2018.09.18-2018.10.31
其它
全球购【新】买手招募第一季

图 7.16

7.5 淘抢购、聚划算活动

很多卖家都想参加淘抢购、聚划算活动，因为这两个活动流量巨大，目前销量也计入权重了，为什么不在这里分析呢？其实这两个活动是人工审核的，有很大的人为因素。活动小二会主动邀约一些优质大商家参与活动，同时也要考核每次活动的 KPI。因此，如果你报名成功了，那么恭喜你，可能会有小二直接和你对接，你从此就有了活动小二的资源，步入了大商家行列。有活动小二资源的有些大店怕降低 DSR 或者乱标签，会用别的店铺报名淘抢购和聚划算活动，2016 年我在销售腊肉类目商品的时候也曾经将一个三钻店借给朋友专门做淘抢购活动。如果走到这一步，你的淘宝之路就顺了，你每天的精力会集中于研究商品而不再研究运营技巧了，希望读者能早日成功！

本章习题

1．为什么现在很多卖家都不参加淘宝的站外活动？

2．淘宝活动带给店铺的好处和坏处分别是什么？

3．我们怎么利用淘宝活动流量？

4．一个店铺在什么时候最需要参加淘宝活动？

5．为什么很多卖家用新链接或者新店参加淘宝活动？

6．中小卖家应该报名哪些淘宝活动？

思考题

结合自己的商品，我们到底是应该多做活动推爆店铺还是守着淘宝爆款流量不动？哪一种方案最适合我？

第 8 章

利用生意参谋进行数据分析，做稳淘宝运营

本章要点：

- 生意参谋的关键功能认知
- 通过生意参谋掌握商品引爆节点
- 市场行情专业版剖析

卖家千万不要小看生意参谋的力量，利用生意参谋进行数据分析就是我们对淘宝生涯的总结，无论商品有没有被引爆，淘宝带给我们的是经验还是教训，我们还能不能继续销售这个类目、该怎么销售，这一切都在生意参谋中，本章详细讲解利用生意参谋进行数据分析。

我从 2013 年开始销售腊肉，2017 年开始销售女裤，在刚换行销售女裤时很迷茫，在经历了夏款、冬款以后，现在有两个款的销售额正在增加过程中，下面我结合自己的经历，谈谈怎样利用数据分析找到对淘宝商品的感觉，找到一款好商品并且让它成为爆款！

8.1 生意参谋的关键功能认知

直通车和生意参谋这两个工具是在淘宝开店的卖家必须掌握的。打开生意参谋后台后，我们可以看到店铺实时的和历史的运营情况，如图 8.1 所示。特别是我们投入了大量精力用于图片优化、直通车推广的主推商品，到底适合推广与否，淘宝是通过生意参谋数据反馈给我们的。

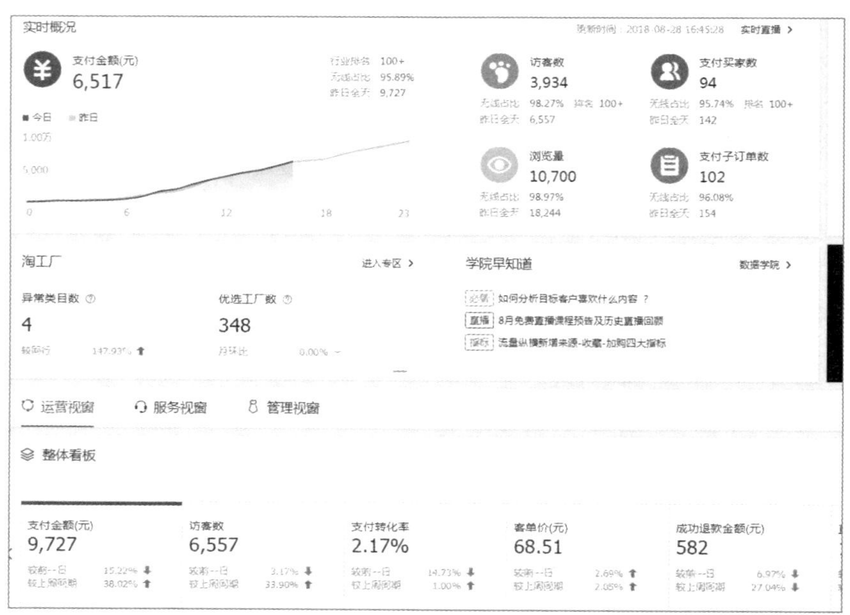

图 8.1

新手卖家最需要了解生意参谋的运营视窗，如图 8.1 所示。

熟悉生意参谋的每个按钮是卖家的基本功，如果你现在还不熟悉或者不知道某个按钮的作用，那么你应该现在就开始动手一个个点击进去查看分析。从“流量看板”中，卖家可以掌握店铺或商品的流量来源。生意参谋的“流量看板”如图 8.2 所示。

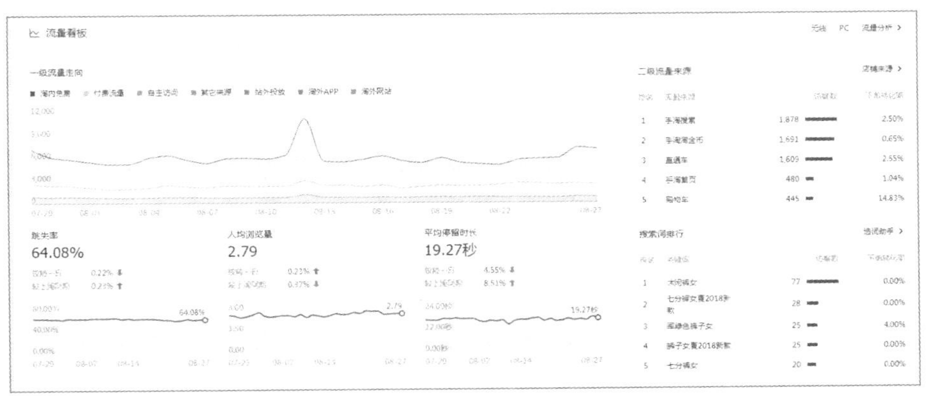

图 8.2

从“转化看板”中，卖家可以掌握商品情况。生意参谋的“转化看板”如图 8.3 所示。

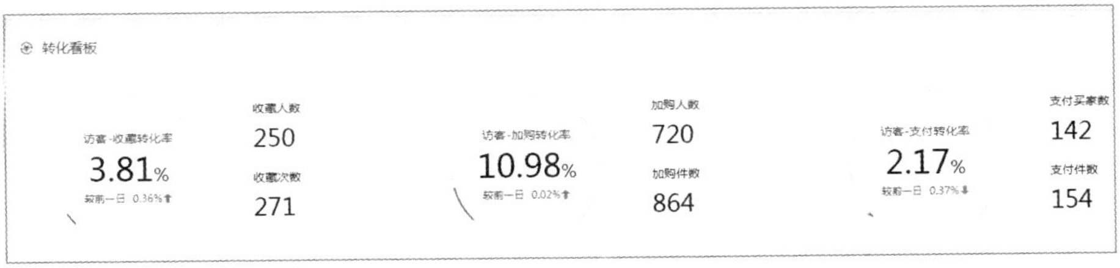

转化看板
访客-收藏转化率 3.81% 较前一日 0.36%
收藏人数 250
收藏次数 271
访客-加购转化率 10.98% 较前一日 0.02%
加购人数 720
加购件数 864
访客-支付转化率 2.17% 较前一日 0.37%
支付买家数 142
支付件数 154

图 8.3

我们的商品或者店铺有多少流量、流量是稳定的还是波动的，和“转化看板”是息息相关的。

另外，我们还需要掌握店铺层级，如图 8.4 所示。店铺层级越高，流量的天花板越高。

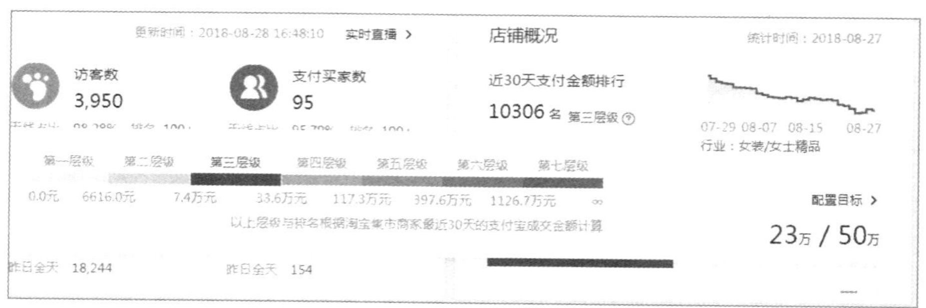

图 8.4

从“实时趋势”和“实时概况”中，卖家可以对实时情况一目了然，“实时趋势”和“实时概况”是卖家需要经常观察的页面。生意参谋的“实时趋势” 和“实时概况”分别如图 8.5 和图 8.6 所示。

打开生意参谋的“流量”选项，可以查看店铺的流量来源与构成，如图 8.7 所示。

从“流量来源”中，卖家可以分析这个店铺是否是一个健康的店铺。健康的店铺、商品好的店铺的“付费流量”的“访客数”占比一般不超过 40%（女装类目）。

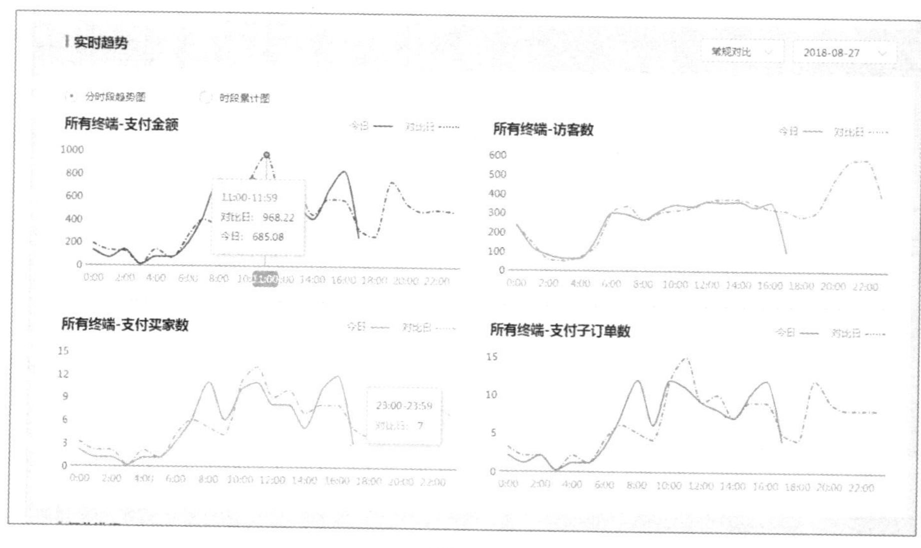

图 8.5

图 8.6

构成　对比　同行

每一次访问

亲，您尚未订购对应的流量纵横产品，无法查看部分指标！立刻升级 >

流量来源	访客数	下单买家数	下单转化率
付费流量	1,685 +85.37%	8 +166.67%	0.47% +43.86%
直通车	1,679 +84.91%	8 +166.67%	0.48% +44.21%
淘宝客	8 +700.00%	0 -	0.00% -
淘内免费	1,396 -34.09%	55 -47.62%	3.94% -20.53%
自主访问	219 -23.43%	41 -38.81%	18.72% -20.08%
淘外网站	2 -	0 -	0.00% -
淘外APP	0 -	0 -	0.00% -
	0	0	0.00%

流量来源构成

流量来源	访客数	访客数占比
淘内免费	2,985	68.14%
付费流量	948	21.64%
自主访问	448	10.23%

图 8.7

从“访客对比”中，卖家可以了解店铺的进店人群，以后增加流量和销量可以从符合自己店铺的千人千面标签人群着手。生意参谋的“访客对比”如图 8.8 所示。

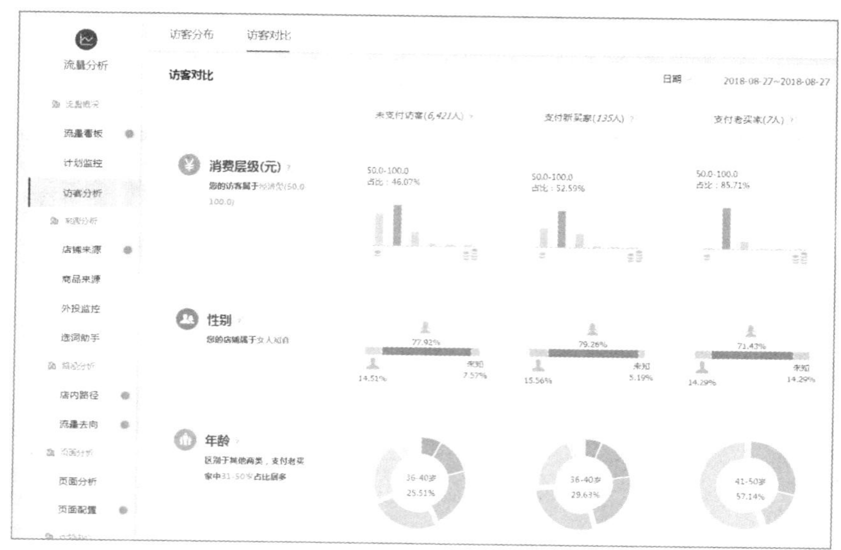

图 8.8

从“流量总览”中，卖家可以掌握店铺的整体流量情况，看到流量是上升了还是下降了。生意参谋的“流量总览”如图 8.9 所示。

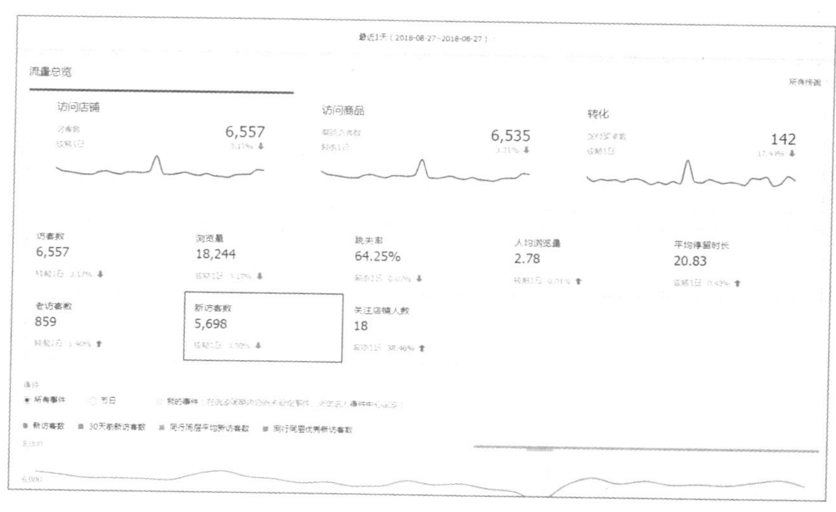

图 8.9

“选词助手”是在写标题时找词的工具之一，但是不精准。生意参谋的“选词助手”如图 8.10 所示。

流量分析

选词助手　关键词分析器，引流、转化、全网热搜趋势，一网打尽。进入我的收藏>>　无线　PC

引流搜索词　行业相关搜索词

流量看板
计划监控
访客分析
店铺来源
商品来源
外投监控
选词助手
店内路径
流量去向
页面分析

休闲裤女　查看

推荐：休闲裤女 | 七分裤女夏... | 军绿色裤子...

行业相关搜索词　日期　2018-08-27~2018-08-27　指标　下载

搜索词	全网搜索热度	全网搜索热度变化	全网点击率	全网商品数	直通车平均点击单价	操作
阔腿裤	285,930	+3.30%	149.48%	2,543,207	0.74	已收藏
牛仔裤	272,558	+8.88%	121.95%	4,933,976	1.12	收藏
2018秋装新款女	254,200	+6.07%	112.59%	6,516,707	0.67	收藏
高腰裤女 高腰	113,438	+4.52%	127.86%	3,823,735	0.76	收藏

图 8.10

判断一个商品是否能推爆最重要的因素是商品效果的好坏。根据商品访客数、下单件数、加购件数、收藏人数，卖家可以判断这个款能不能推广，进而根据这个款推广的历史爆款数据、自己店铺的起爆程度、时间判定一个商品的爆款潜力。生意参谋的“商品效果”如图 8.11 所示。

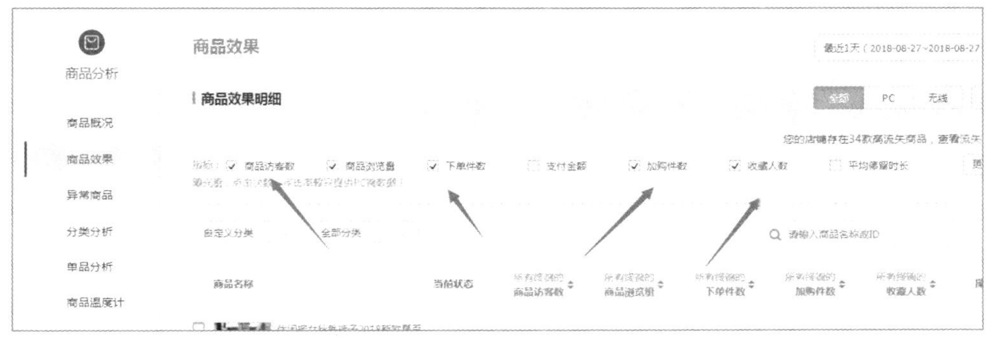

图 8.11

从“单品分析”的“销售分析”中，卖家可以掌握单个爆款商品的引爆曲线，判断现有的推广方式有没有作用。生意参谋的“单品分析”如图 8.12 所示。

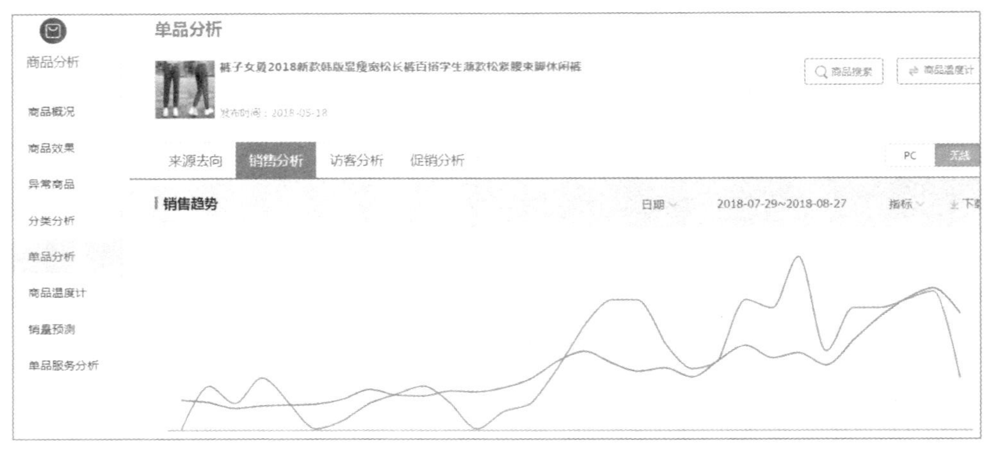

图 8.12

从“交易概况”中，卖家可以掌握店铺每个月的交易金额，进而分析店铺的情况。生意参谋的“交易概况”如图 8.13 所示。

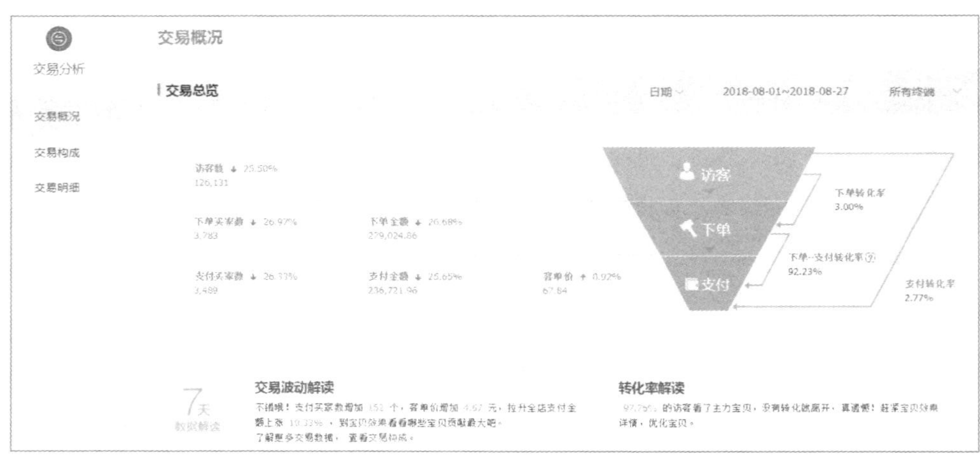

图 8.13

打开生意参谋的“交易”选项，在“交易概况”里有“交易趋势”，可以用来判断目前自己店铺的支付转化率与同行对比是否健康，如图 8.14 所示。

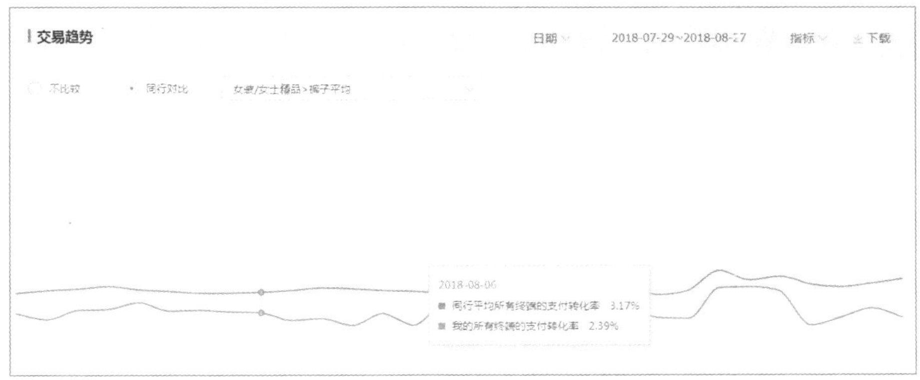

图 8.14

“交易趋势”用来衡量销售额转化率，当你的店铺的支付转化率和支付金额低于同行平均水平时，就应当相应地补充订单量和销售额了。

2018 年市场行情标准版的价格为 900 元/年，有需要的卖家可以选择性购买。卖家在购买了市场行情标准版以后，可以通过里面的“行业大盘”确定自己的类目是否在淘宝上有发展、是否可以销售、能销售到多少销售额，如图 8.15 所示。此外，如果卖家的店铺近期流量下跌，但是不知道是什么原因，那么可以到标准版中“行业大盘”里查看是否淘宝全网的卖家流量都下跌了。

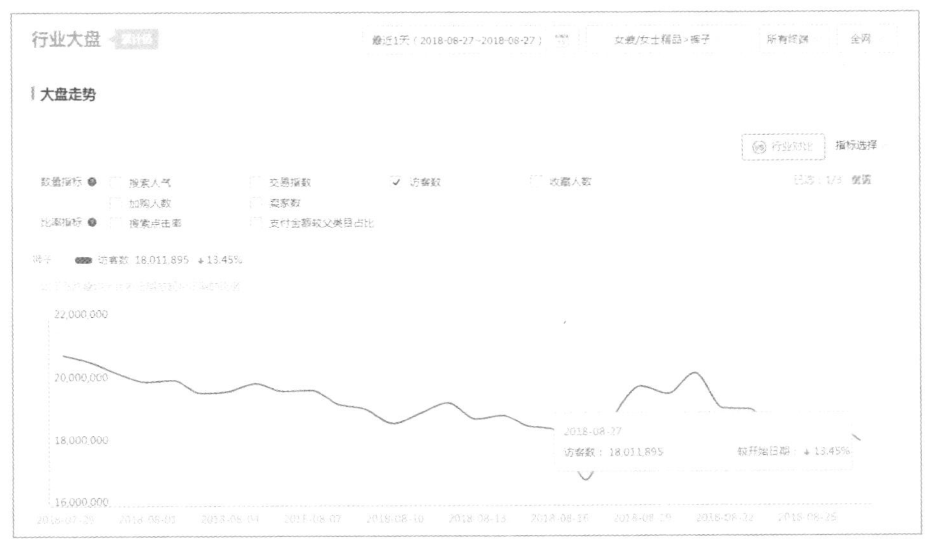

图 8.15

从“商品店铺榜”的“行业粒度”中，卖家可以观察同行商品的流量情况，可以判断该商品的流量是通过什么手段爆发的，如图 8.16 所示。

图 8.16

生意参谋的“搜索词查询”功能在第 3 章中介绍过，这是比较精准的查词工具，应该引起卖家足够的重视。生意参谋的“搜索词查询”如图 8.17 所示。

图 8.17

8.2　通过生意参谋掌握商品引爆节点

8.1 节介绍了生意参谋的一些基本数据，我们要用哪些数据分析我们的商品是否能赚钱，是否能持续销售呢？

1．商品的数据

从生意参谋“商品分析”的“商品效果”中我们可以看到买家对这款商品的喜爱程度，我们应该主要观察不同流量下的收藏人数、加购人数和下单件数，如图 8.18 所示。基于这些数据指标分析自己的主推款到底能推广到多少流量，我们应该能够做到心中有数。

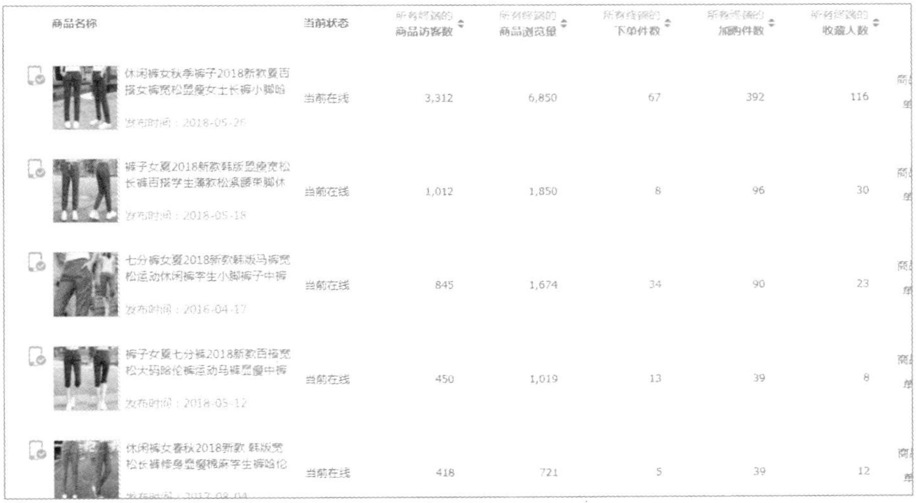

商品名称	当前状态	所有终端的商品访客数	所有终端的商品浏览量	所有终端的下单件数	所有终端的加购件数	所有终端的收藏人数
休闲裤女秋季裤子2018新款夏百搭女裤宽松显瘦女士长裤小脚哈 发布时间：2018-05-26	当前在线	3,312	6,850	67	392	116
裤子女夏2018新款韩版显瘦宽松长裤百搭学生薄款松紧腰束脚休 发布时间：2018-05-18	当前在线	1,012	1,850	8	96	30
七分裤女夏2018新款韩版马裤宽松运动休闲裤学生小脚裤子中裤 发布时间：2016-04-17	当前在线	845	1,674	34	90	23
裤子女夏七分裤2018新款百搭宽松大码哈伦裤运动马裤显瘦中裤 发布时间：2018-05-12	当前在线	450	1,019	13	39	8
休闲裤女春秋2018新款 韩版宽松长裤修身显瘦棉麻学生裤哈伦 发布时间：2017-08-04	当前在线	418	721	5	39	12

图 8.18

对于不同的商品、不同的价位段，支付件数、收藏人数、加购人数与访客数的比例是不同的，如图 8.19 所示。我们要掌握自己的商品和同行商品的生意参谋数据节奏。以服装等应季商品为例，一般来说，在换季以前我们要关注收藏人数和加购人数，以分析该商品是否为买家喜爱的商品。但是真正到了你的款式热销季节以后，我们要考核的指标一定是销售额和转化率，如果一个商品的收藏人数、加购人数很多，不转化或者转化率低就没有用！如果转化率低，我们就要思考是价格的问题、详情页设计的问题，还是买家购买信心等环节出了问题。一般的商品问题主要是价格，我们应该根据生意参谋的指标适当优化。

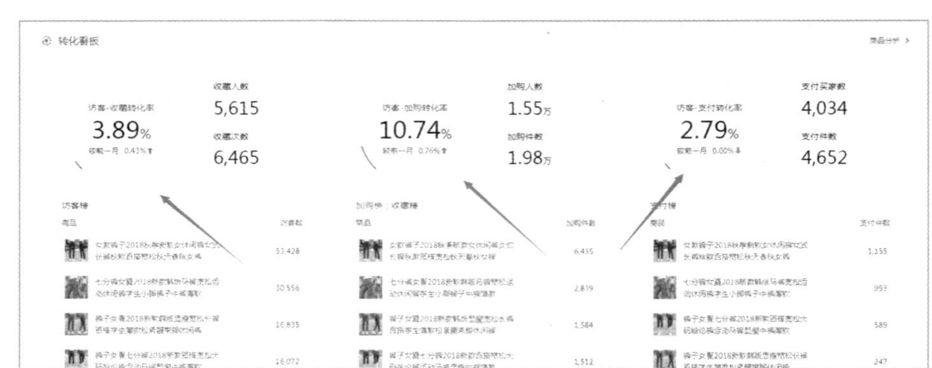

图 8.19

2. 思考商品的爆发曲线

从“运营视窗”和“单品分析”中，卖家可以看到全店商品流量爆发的节点、单量、直通车费用和店铺经营所带来的利润，把利润减去开销，就可以从数据中分析出主推商品能不能赚到钱。

3. 确定店铺风格与规划

商品的人群是什么、我们给谁设计的这个款、我的店铺风格是什么、明年怎么拍照、直通车怎么开，这些都可以从生意参谋里找到答案。

4. 规划明年的方案

从数据中，卖家可以看到今年的商品是赔了还是赚了、明年需要投入多少资金、要优化哪些方面，基于目前的商品，还能不能继续在淘宝网上开店，还能不能赚钱。如果今年赔了，那么明年优化以后能不能赚、节点在哪里、优化数据点在哪里。

做淘宝数据分析，要抓大放小。不要纠结于某个商品一天数据的涨跌，而要把握整个店铺所有商品的转化率等数据，然后分析有多少满足转化率的商品，最后由多个商品和商品数据属性决定店铺销售额、层级等。也许你做到最后就会发现淘宝运营就是一个数据游戏。你要做的就是不断选款、拍照、优化，让店铺的数据满足淘宝的要求，达到最大产值。

8.3　市场行情专业版剖析

当你的店铺数据已经很好，你的运营能力也很强时，你就需要用市场行情专业版里的功能了。市场行情专业版目前的价格为 3600 元/年，专业版的功能是契合淘宝系统的人群标签，分析目标客户人群。我们使用“人群画像”功能可以分析这个行业的“买家人群”，同行竞争的“卖家人群”以及“搜索人群”，如图 8.20 所示。

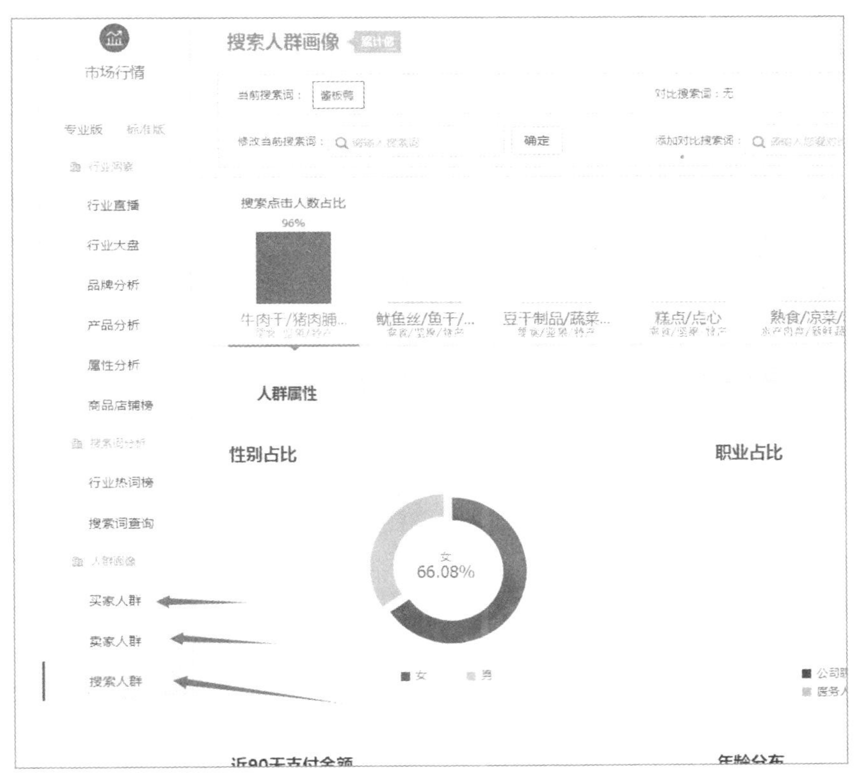

图 8.20

买家人群和搜索人群的概念在淘宝非常重要，直接影响商品面向的客户人群和转化率。当然，有很多卖家会说只要你做过几天客服，你就知道你的买家人群是哪些了，如果需要更精细化运营，那么需要用专业版的“人群画像”功能优化你的商品的客户对象。生意参谋的“买家人群”如图 8.21 所示。

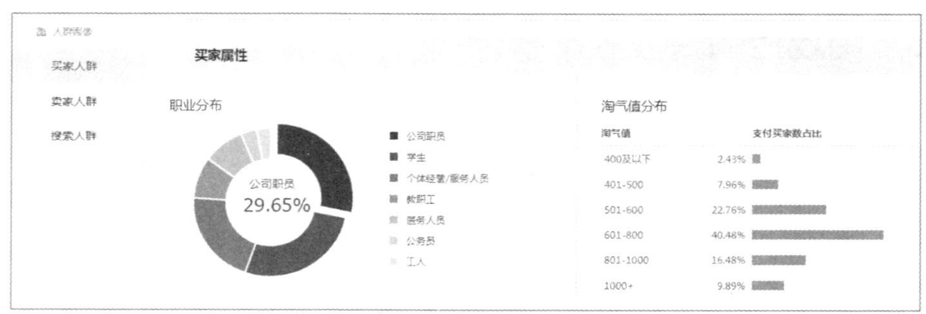

图 8.21

从“卖家人群画像”中，我们可以看到这个行业的竞争情况。以图 8.22 所示的“美腿袜”这个细分子类目为例，天猫店铺数量占比最小，但是“支付笔数本类目内占比”为 57.92%，而店铺数量占比为 62.9%的心级新店，“支付笔数本类目内占比”只有 2.29%，可以看出，现在淘宝流量都向大卖家倾斜，同时也说明了天猫卖家的运营能力更强，所以在淘宝开店一定要坚持和分析商品、数据，任何行业的成功都是遵循二八效应的。

卖家人群画像

最近1天（2018-09-20~2018-09-20） 女士内衣/男...丝袜/美腿袜 全网

卖家星级分布

信用等级	卖家数	占比	被支付卖家数	支付笔数本类目内占比
天猫 TMALL.COM	3,795	0.73%	1,851	57.92%
♥-♥♥♥♥♥	328,241	62.90%	3,539	2.29%
♥	49,817	9.55%	1,348	0.41%
♥♥	35,357	6.78%	1,417	0.50%
♥♥♥	28,248	5.41%	1,619	0.85%
♥♥♥♥	27,692	5.31%	2,484	1.52%
♥♥♥♥♥	14,793	2.83%	1,833	1.57%
♛	11,571	2.22%	2,054	2.97%
♛♛	10,260	1.97%	2,454	5.03%
♛♛♛	5,089	0.98%	1,549	4.09%

1 2 下一页 > 共2页

图 8.22

在我们的理解中，腊肉应该是家庭妇女买的商品，年轻人应该买得比较少，腊肉产地集中于湖南省和四川省，那些地方的人应该买得更多，实际是不是这样的呢？我们利用搜索人群画像查询一下。

从图 8.23 和图 8.24 中可以看出，腊肉这个商品最近 90 天反而是 18 ~ 30 岁的年轻人购买得多，而不是我们想象的 30 岁以上的中年妇女购买得多，购买商品的男女买家基本各占一半，也不是我们想象的大部分是女性。职业占比中“公司职员”买家也是最多的；而在“省份”和“城市”中，我们也可以清楚地看到广东省、浙江省等沿海发达省份，杭州、北京等发达城市反而买家购买得多，而不是我们想象的湖南省、四川省那种产地买家购买得多。我们得出结论，在淘宝上买腊肉的买家大部分是大城市的公司职员、企业中的年轻人！他们为什么要买腊肉呢？他们是远离家乡的年轻打工者，在外地怀念家乡的味道。

得知这个信息以后，我们设计主图、设计详情页、优化商品就需要换一个思路，更加针对我们的目标客户群体。淘宝的数据分析非常重要。

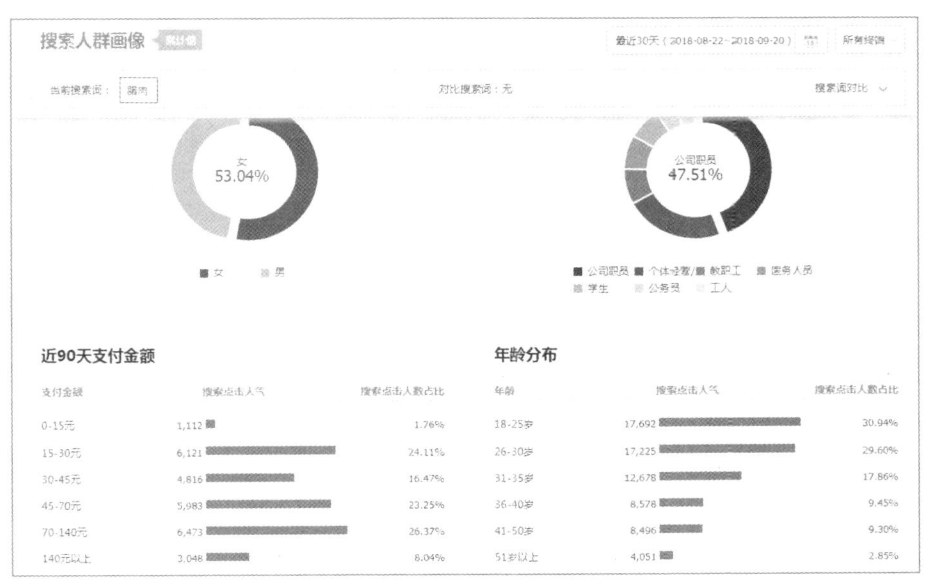

图 8.23

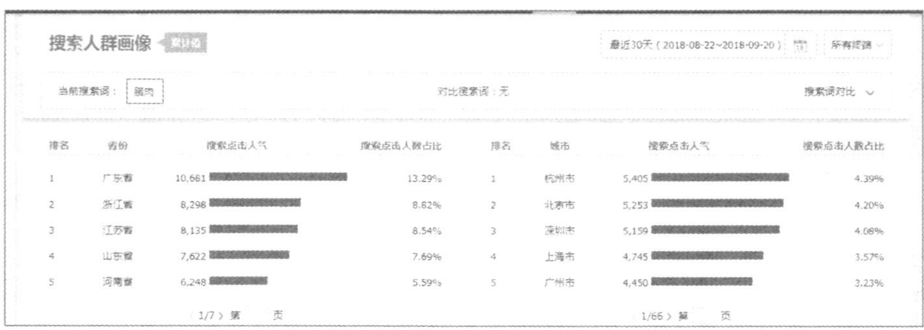

图 8.24

本章习题

1．从数据分析层面分析用 1688 图片和自己拍照到底区别在哪里？

2．1688 一件代发的图片，在数据优化上有哪些劣势？

3．针对目前自己店铺生意参谋的数据情况，你能做出哪些优化方案？

4．想清楚每天在看生意参谋时需要重点观察哪几项数据？

5. 针对目前的款式，明年还能不能在淘宝运营、怎么运营？是从技术上破局还是从商品上破局？

6. 我现有商品的数据是好还是坏？是继续推广，还是放弃这个款式更换其他款式进行推广？

7. 我到底应该怎样做一个详细的商品表现和运营表格？根据我的店铺商品的生意参谋数据，我的店铺能不能扩大商品数量和库存规模？

8．为什么数据决定商品设计、优化？你理解了吗？

第 9 章

中小卖家最终要弄清的运营思路

本章主要帮助读者梳理整个淘宝运营思路，在梳理过后读者可以根据思路进行实操。

1. 到底什么是淘宝运营，别人的店铺流量为什么会爆发

在淘宝上抢平台流量最有效的两个方案就是操作自然搜索流量和开直通车。市面上淘宝店铺的爆款类型大概有以下几种（针对没有资源的小卖家）：

（1）类型 1：没有任何淘宝操作经验，在商品上架以后就不管了，或者随便找几个客户购买商品得到几个评论，商品流量就飙升了。原因分析：淘宝商品的爆款节点有很多，如果你的商品数据表现达到或者高于引爆节点，那么淘宝给的免费曝光或者少量客户购买带来的权重恰好符合了引爆节点，就成为爆款了。但是如果你再换几个店，用同样的商品和同样的操作方法，就不一定能成为爆款。因为商品成为爆款有概率，现在流行的店铺群操作方法就是放大了这种概率。

（2）类型 2：基于对爆款数据的理解，利用作弊的方法，积累好做自然搜索的资源，短时间放大单量与单品销售额，最大限度地获取淘宝自然流量。原因分析：作弊方法玩家放大了第 4 章所说的数据干预操作，如果有好商品，短时间之内能赚到快钱。缺点：作弊玩法资源不会很好，容易被降权封店，另外在严打刷单的今天，还有犯法的风险，不值得尝试。

（3）类型 3：基于对爆款数据的理解，放大直通车操作步骤，多商品养计划权重和土豪式花钱推广。原因分析：我见过很多此类型卖家，大部分是厂家或者老卖家，理解淘宝上此类商品的爆款数据。缺点：不适合资金不足和对商品理解不强的小卖家，而且有赌博成分，风险很大，这种操作基于对商品的理解与淘宝操作的经验积累。

（4）类型 4：了解自己类目的爆款数据，根据数据细致化运营，做好了直通车引流、日常数据观测，优化好了前端商品数据，注重积累商品与店铺权重，注重客户维护与积累等运营细节。然后，成功地把细致化单品运营案例扩大到多商品运营，慢慢做到全店爆款爆发，这是中小卖家最稳定的淘宝运营方案，也是我们提倡的。

2. 怎样才能在淘宝上做大和做强

卖家首先要学会原理，基于对淘宝数据节点分析和商品认知，看看商品能不能符合数据节点。在操作成熟以后，可以稳定操作爆款，然后扩大模式，放大单品、单店的投入和产出，招聘员工模块化运营，掌握货源，进而扩大平台，开多个天猫、淘宝、京东、拼多多店铺，一起运作。

分析：这种在淘宝上成功的老板，本身已经深刻领会了淘宝运营，在自己能够稳定掌控运营状况的情况下扩大，因此建议小卖家刚开始时自己慢慢进货，先在家里做，当学成了以后再扩大。

3. 淘宝运营会遇到怎样的瓶颈和问题

1）1688 上的商品能不能销售

爆款，就是在客户进店以后，收藏人数、加购人数、停留时间、订单量和销售额等符合淘宝爆发免费流量节点的商品，只要这样的商品结合正确的推广方法就可能有效引爆免费流量。1688 中的商品极多，肯定有很多商品符合自然流量爆发的要求，很多商品在淘宝店铺都有代销，只是没有主推这款商品或者由于资金和精力等原因没有放大干预量，但是不代表没有爆款，图 9.1 是我认识的一个卖家在用 1688 一件代发商品赚到钱以后，为了更好地改进图片和规避竞争，在批量进货后再重新拍照作图的例子。因此，1688 的商品是可以销售的，关键要看测试能力和执行力。

图 9.1

2）自然流量一直很少怎么办

基于第 4 章淘宝系统流量爆发节点的分析，客户购买商品带来的权重是可以爆发真实流量的。所有的自然搜索流量上涨的方案我们都经过了反复测试，如果有客户购买商品，就算商品再差，也肯定是有流量的，只是流量多少而已。

只有积累的客户多了、商品表现好了，流量才会增加！

4．直通车推广花费高但是没有效果

在开直通车以后，你应该按照本书讲的方法去优化，掌握直通车优化的节奏。当直通车数据一直很差的时候，你就要反思，并改进你的货源或者修改图片。当直通车的表现达到了行业一般水平，但是整个店铺还没赚到钱，那么你需要在直通车以外的环节下功夫。比如，多打标签、多扩大流量渠道（如淘宝客与手淘首页）、多提升店铺层级、多做商品小爆款环绕、多积累店铺的类目权重等。

5．淘宝运营该怎样开展

在淘宝开店运营，应该按照货源→图片→标题→推广方法（操作自然搜索流量、直通车、淘宝客、钻展等）总结出爆款符合的数据，按照这样的流程去做，最终目的是赚钱，在本书中每个环节都有测试是否达标的标准，如果前面的标准没有达到，那么后续自然跟不上，应该先解决前面的环节，再继续向后推进。而前面的环节要解决到什么程度，也是在后面一步的数据分析中要分析的，要分析到底我的店铺能达到什么水平、还能不能继续发展、今年是赔了还是赚了。

如果你的每一步都将就，那么最后结果也就是将就；如果每一步都精细化运营，那么你肯定会获得惊喜。

淘宝运营就是一个经验积累和摸索的过程，偶尔爆了一款不算什么，难得的是可以一直按照自己的运营思路运作店铺，达到精细化运营水平。淘宝运营从本质上来说要掌握自己商品的生意参谋、直通车数据情况，以及客户购买对商品权重影响的情况。

另外，在推广方法上，卖家也要有侧重点，有的卖家对客户的维护和积累能力特别强，有的卖家对直通车的感觉强，卖家需要根据自己的情况找到侧重点。

6．该怎样精细化运营

我们到底应该怎么精细化运营呢？

我们在淘宝开店绝对不能只想着在淘宝开店，那么我们要想什么呢？

我们要想着我们是在做线上生意！

任何事情都要注重本质，比如你卖低价女装，你就要专心研究低价女装买家群体的需求和特点，开发或者寻找更能解决他们需求的商品。你要记住，你做生意是为了帮助人家解决需求、节省精力！

这样自然就解决了店铺小而美的问题，提高了转化率。你要记住，每卖出一单，都要尽量留住这个人，目前用微信留住老客户是最好的方案！

寻找并且掌握自己商品类目的流量爆发节点，观察输入数据情况，分析自己店铺数据爆发后能获取多少流量，以及除掉开支后能获得多少利润。

尽管你使用了所有的推广步骤和推广方法，而且在持续投入，但是仍然没有得到很好的回报，而且一直赔钱，这时也不要着急，这种情况只有一个原因！就是你的店铺层级、权重或者商品数据还没有达到爆款数据节点，还需要继续优化。

怎样让这些指标达到爆款数据节点呢？

（1）优化商品、图片，给客户提供最符合他们期望的商品！

（2）从线下、微淘、抖音等渠道积累客户，让他们在淘宝成交，这些都是你的资源。

（3）具体细致的做法为首先让客户帮忙购买商品产生初始流量，并配合直通车辅助引流，达到爆款节点时自然流量则会增加，如果没达到爆款数据节点证明商品的爆款潜质不达标或者自己的资源、资金有问题。卖家需要根据生意参谋数据不断地优化图片和标题，同步积累买家资源，积累商品权重与店铺权重，以备后续推广。

从这些节点可以看到，淘宝流量爆发只有两个因素：正确的商品数据和推广。当你的商品数据达到或者超过爆款节点时，你可以用少量的或适量的推广手段成功；如果你的商品数据一般，那么你也许可以用大量的资金或者客户资源推广成功；但是当你的商品数据根本达不到爆发节点时，你无论怎么推广也不能成功，哪怕流量爆发了也只是昙花一现，随后马上下跌。因此，我们在淘宝运营的过程中必须不断积累好的商品、好的图片、好的选词方法、好的直通车与客户成交方案。功到自然成，之所以只有少数卖家可以赚钱，是因为他们付出了很多正确的努力，如果你付出的努力比别人多，那么你自然会得到更多的回报！

如果你看懂了本书，那么祝贺你，你的淘宝生涯掀开了一个新的篇章，希望你能早日步入电商千万级卖家行列！如果看不懂本书，那么我建议你反复读几遍、仔细读，而且必须边操作店铺边读，在操作店铺一段时间以后还可以再回过头来读一遍，应该每次都会有新的收获。总之，本书的任务就是带你从零基础开始彻底了解淘宝运营的原理，并结合自身情况操作。如果新手卖家能够实现这个目标，那么作为作者的我是很有成就感的，这也是本书要完成的任务。本书将随淘宝规则的变化而更新！希望你还能看到第 2 版！

思考题

1. 你理解了前期的选款、拍照对后续淘宝运营的重要性吗？
2. 正规化运营的思路是什么？
3. 怎么通过粉丝推广获得免费自然流量？
4. 在买家购买商品，店铺被降权以后，我应该怎么继续运营？
5. 正规化的直通车怎么开？花了很多钱还开不上去怎么办？
6. 为什么别人能赚钱而我赚不到钱？我缺什么，而别人又做到了什么？
7. 我有没有学会淘宝运营？还有哪些方面不懂？
8. 结合自身实际我到底应该从什么方向和细节发力？

后　记

在写完本书后，我感到前所未有的轻松。

我从事学术研究多年，硕士和博士的研究方向为计算机算法，研究淘宝运营是我的兴趣所在。我也在高校任教，深知教育工作者责任重大，可是现在的淘宝教育乱象丛生，有很多学员学习后仍旧一头雾水。

我在 2012 年硕士期间接触淘宝，赚到第一桶金，从 2013 年开始做湖南特产腊肉至 2016 年，经历过淘宝 C 店的各种免费流量、直通车、淘宝客、天天特价等活动，也曾为学员教学并实操过一件代发爆款、淘宝客店群等。

直到 2016 年学院开课，我愈发感到自己的不足，不敢有丝毫懈怠，在 2017 年全年脱离教学岗位，去临近长沙的株洲产业带运营女裤 C 店和天猫店铺，也曾冲击到产业带前五，经历过双十一和双十二活动，积累了农商品、一件代发服装、女裤、T 恤 4 个品类丰富的实操经验。本书的所有案例都基于这几个品类的实操经验，有的文章已经沉淀多年，并且在知乎、派代中是高收藏量的作品。

任何事物都不能脱离本质而存在，在返回教学岗位后，我组织学院老师深入研究课程，带领学员实操。淘宝目前只有少数卖家能赚钱，而这些卖家是一直在淘宝这条路上坚持运营的卖家。有时候面对学员的问题，我会回想到自己最开始接触淘宝时心里的疑惑，所以我尽量让课程浅显易懂，争取让更多的学员进入这些卖家的行列。

淘宝运营最重要的是商品和推广手段。要在淘宝上开店，首先要有商品，其次要有资金和资源。资源指的是老客户，而资源其实也是靠资金积累起来的。现在，淘宝的流量越来越贵，只靠买流量肯定会赔本，如果要获取免费流量，对于中小卖家来说又很难。有很多卖家会提出疑问，如果我资金不多，也没有符合爆款节点的商品，处处靠淘宝给流量，那么我是不是没办法在淘宝经营了？答案其实是否定的。

每个卖家都要珍惜每一个流量，特别是在流量红利已经消失的今天，基本上每个中国买家都在淘宝上购物过，客户已经增长殆尽，甚至拼多多、京东、微信自建商城等其他平台也在和淘宝抢客户。虽然每年双十一的交易额还在上涨，但是对于中小卖家来说，买家的数量已经不会很大幅度增加了，销售额增加只是更多的来源于大卖家自己维护的私域流量。在淘宝上做生意，在流量红利下半场，卖家并不是要继续增加客户数量，而是维持客户对平台的黏性，让客户在平台上更多的消费。因此，淘宝流量已经匮乏，卖家不能想着免费得到淘宝流量扶持，而应该思考如何与淘宝的思维一致，尽量珍惜每个到店流量、每个支付买家，尽量维护好每个买家，优化好商品，让他们继续在店铺消费，这才是中小卖家在流量红利下半场的玩法。

当初，很多淘宝卖家对微商嗤之以鼻，觉得微商没有流量、没有技术含量等，但是现在我们已经知道，微商可以很好地触达和维护客户。现在，很多淘宝卖家都把客户维护在微信里，从销量为王变成了流量为王，微商和淘宝的界限也已经没那么清楚了，甚至手机淘宝也推出了微淘功能让卖家触达和维护自己的老客户。中小卖家只要按照本书的所有做法或者任意几个做法操作店铺，不管通过什么样的推广手段都肯定能得到客户，只是数量多少而已。在有了客户以后，我们一定要珍惜，通过点对点交流或者朋友圈的方式触达客户，继续做好商品优化。我们要真正把自己当成在互联网卖货的人，把各个交易平台当作我们的客户来源渠道。

现如今，淘宝、京东、拼多多、一号店、蘑菇街，甚至微信、抖音、自媒体、知乎等都是很好的客户来源渠道。功到自然成，当我们有很多客户的时候，我们只把淘宝当作交易平台，在商品优质的情况下，平台会给我们越来越多的真实流量，我们的生意也会越做越大，到时候就可以真正脱离平台做自己的生意了。也就是说，中小卖家不要局限于平台，在互联网做生意赚到钱以后，再持续打磨商品（当然，如果一开始能打磨好就会更好），这样生意之路才会越来越顺利。

希望读完本书，所有层次的卖家都会有收获，坚持去做，了解淘宝运营，进入并深耕这个行业。我的 QQ 号码为 798242606，欢迎读者与我交流和讨论。

最后，愿每个努力的人都被这个世界温柔以待。

李昕

2018 年 10 月 31 日

于湖南省长沙市点优电商学院

附录 A

从商业本质分解淘宝系统原理

为什么会有这个附录？因为正文是对淘宝运营的系统梳理，新手卖家在学习以后可以开始淘宝运营实操，而附录从商业本质角度分析为什么淘宝系统算法这样设计。可能有很多人觉得这些内容没有用，但是其实这些才是最重要的。一个真正的商人应该了解商业本质和商业需求，从商品出发，针对你自己的客户群体，去设计、去优化，只重视技巧的卖家的淘宝店铺永远做不大，也不能长久运营。这也是阿里巴巴的市场人员根据商业本质传达到平台算法排序的思路。计算机算法团队只是数据库和网页程序代码执行者，而淘宝真正的排序规则是由一群懂商业规则的人制定的。当你理解这个思路以后，你的淘宝运营才会顺畅。附录是2016—2017年淘宝自然搜索技巧大爆发的时候，我写的系列文章，曾经在派代得到非常多的赞。

我喜欢从计算机算法角度、从阿里巴巴市场研究人员的角度、从阿里巴巴算法工程师的角度分析淘宝平台的设计规则模型，再让卖家结合自身的情况，让卖家自己所做的事情满足这个算法机制，以最小的成本截获最大的流量，使卖家们得到最大的收益。

互联网营销很有意思，各个渠道都有自己的流量，无论是卖商品、卖广告、卖服务，还是卖资源，我们首先要在自身具备一定的优质商品和服务后，打通互联网上下游的衔接渠道，最大限度地积累资源为我所用。不过这已经超出了淘宝营销的范畴，其实很多线下生意也是这样，只不过人与人之间要面对面而已。

1. 淘宝计算机算法原理剖析

任何一个平台，只要商品多了，都有一个排序原理，要把好的商品凸显在前面。不管是BAT，还是美团、饿了么，都有一个排序算法，要排到前面就要满足这种算法的排序机制。淘宝的算法是最复杂的，淘宝也最难操作，因为涉及的因素太多，涉及账号停留时长、账号安全情况、跳出率等因素，只有这些加权因素都满足的商品才是好商品。

在淘宝开店的卖家如果是计算机专业的，可能会领悟得比较快。淘宝入门的门槛比较低，很多不爱思考的卖家会去买所谓的“技术”，其实所有机构都没有技术，真正的技术只有一个，即阿里巴巴的算法技术，这些技术都是由阿里巴巴公司招聘的算法编程团队编制的，阿里巴巴集团日常招聘信息如图 A.1 所示。

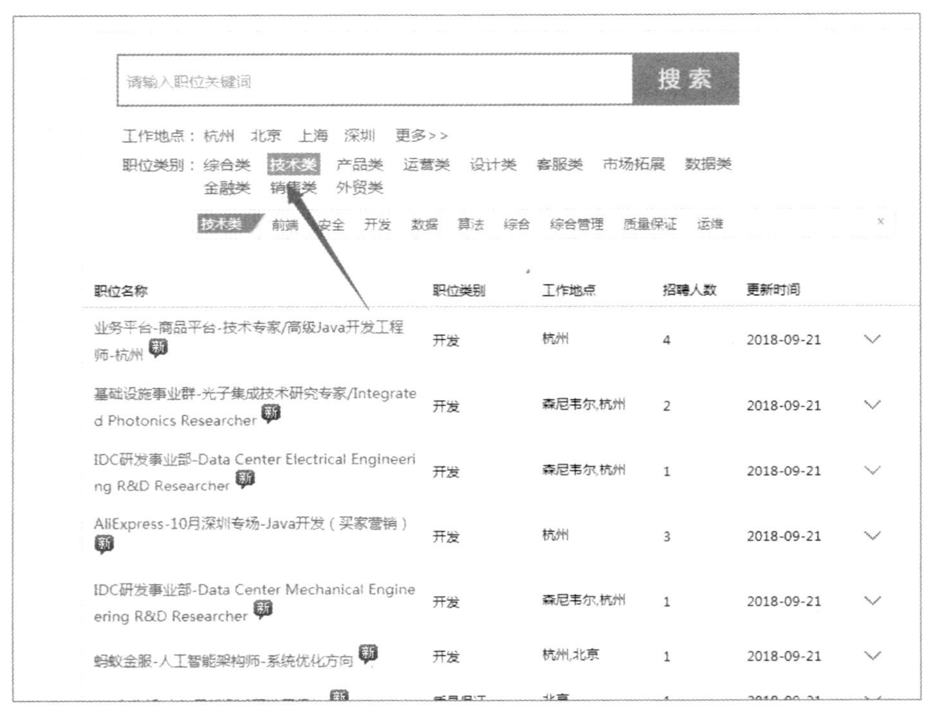

职位名称	职位类别	工作地点	招聘人数	更新时间
业务平台-商品平台-技术专家/高级Java开发工程师-杭州 新	开发	杭州	4	2018-09-21
基础设施事业群-光子集成技术研究专家/Integrated Photonics Researcher 新	开发	森尼韦尔,杭州	2	2018-09-21
IDC研发事业部-Data Center Electrical Engineering R&D Researcher 新	开发	森尼韦尔,杭州	1	2018-09-21
AliExpress-10月深圳专场-Java开发（买家营销） 新	开发	杭州	3	2018-09-21
IDC研发事业部-Data Center Mechanical Engineering R&D Researcher 新	开发	森尼韦尔,杭州	1	2018-09-21
蚂蚁金服-人工智能架构师-系统优化方向 新	开发	杭州,北京	1	2018-09-21

图 A.1

所谓的“大神”只能反复测试输入端和观察输出端。我也不知道淘宝算法的公式，只能简单地分析一下。

我认为现在的淘宝搜索排序算法还没有进化到智能反馈阶段，原因很简单，淘宝数据量太大，如果商品和搜索太多那么服务器忙不过来。

以最经典的 BP 神经网络算法为例，这个诞生于 1986 年的算法，其实计算量是很大的，BP 神经网络算法原理图如图 A.2 所示。

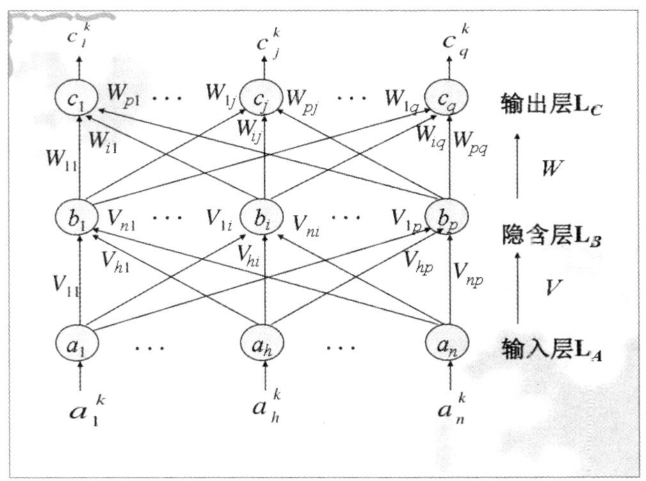

图 A.2

经典 BP 神经网络算法的 MATLAB 的原理代码如图 A.3 所示。

```
p=p1';t=t1';
 [pn,minp,maxp,tn,mint,maxt]=premnmx(p,t);           //原始数据归一化
net=newff(minmax(pn),[5,1],{'tansig','purelin'},'traingdx');  //设置网络，
建立相应的 BP 网络
net.trainParam.show=2000;  // 训练网络
net.trainParam.lr=0.01;
net.trainParam.epochs=100000;
net.trainParam.goal=1e-5;
[net,tr]=train(net ,pn,tn);
//调用 TRAINGDM 算法训练 BP 网络
pnew=pnew1';
pnewn=tramnmx(pnew,minp,maxp);
anewn=sim(net,pnewn);
//对 BP 网络进行仿真
anew=postmnmx(anewn,mint,maxt);
//还原数据
y=anew';
```

图 A.3

用 MATLAB 或者 C++运行过 BP 神经网络的人都知道，这个运行时间是很长的，根本不可能用这么多参数作为输入参数训练函数，由此可以证明淘宝的算法相对简单。

我们要得到淘宝的扶持流量，先不管付费流量和自主流量。扶持流量在哪里呢？在生意参谋中可以看到，淘宝内这些免费流量都称为扶持流量，如图 A.4 所示。这些也是我们在前端运营后淘宝反馈给我们的输出数据。目前免费扶持流量最多的是手淘搜索流量和手淘首页流量。

图 A.4

我们在前端要怎么得到这些流量呢？

输入数据就是当你的商品在淘宝平台曝光以后，客户在淘宝看到你的商品，进而进入你的商品页面里的所有行为，客户的这些行为直接反映了你的商品的表现。具体行为有评论、成交、购买、收藏、加购、转化、点击等。

最重要的是点击量、点击率、收藏人数、加购人数、转化率这几个数据。可能有的人会问，我可以看到自然点击量，但是怎么分析点击率呢？其实很简单，我们在生意参谋后台可以看到商品的流量来源和访客数，如图 A.5 和图 A.6 所示。

2016男装短袖T恤 韩版
新款男半袖 大树印花上
流量地图
下单转化率
入店关键词TOP10
PC
无线
选词助手
关键词
访客数
下单转化率
长袖t恤男 纯色休闲
6
0.00%
潮流新品男装
5
0.00%
纯棉立领长袖t恤修身时尚休闲秋装男装
1
0.00%
统计时间：2016-09-24
购买流失
流失详情

图 A.5

行业排行
市场行情
男神衣橱潮装店
近30天支付金额
男装
第 102,001 名
较前日 987名
自助取数
支付转化率
0.00%
较前一日
100.00%
较上周同期
100.00%
无线转化
0.00%
商品访客榜TOP10
今天
昨天
商品效果
名次
商品名称
访客数
2016秋季新品纯棉休闲时尚百搭韩版修身立领
12
2016秋季新品纯棉V领潮流长袖纯色t恤男装休
9
夏季男士短袖T恤纯棉修身纯色韩版t恤学生青少
2
2016夏季新款短袖T恤男士韩版立领纯棉修身
1

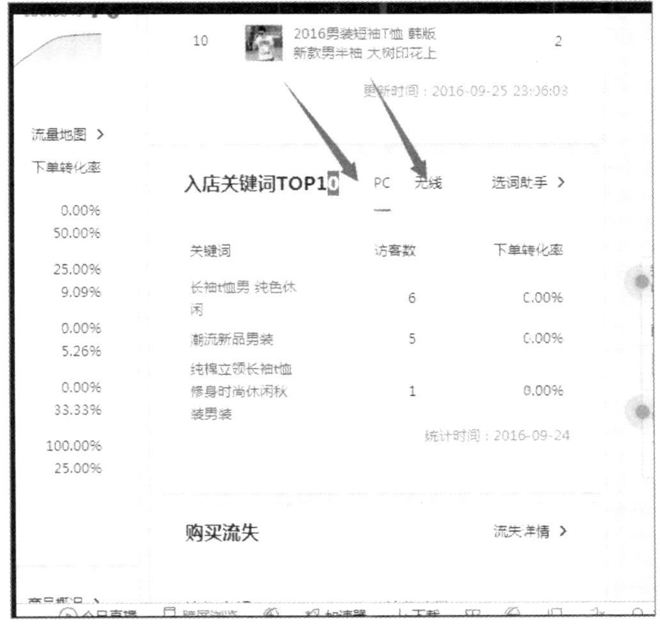

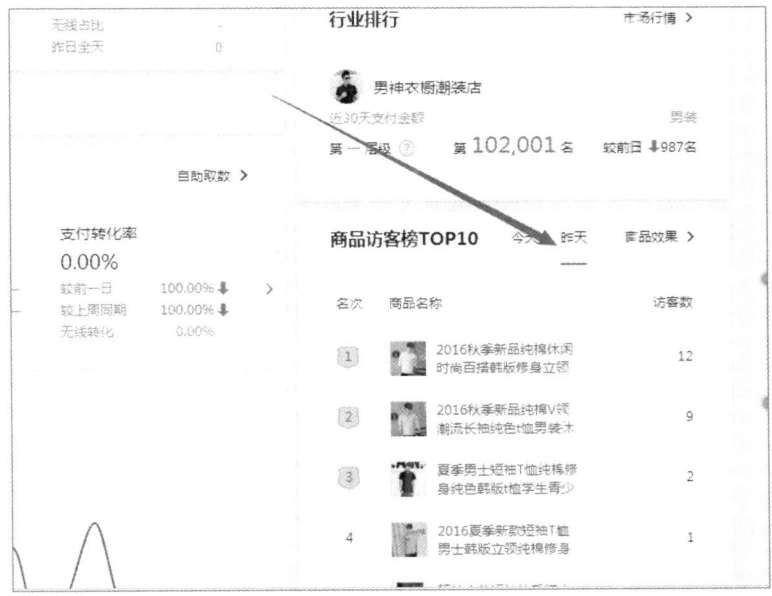

图 A.6

你可以根据你的词的访客数，并结合关键词的曝光展现（如图 A.7 所示）与点击率（如图 A.8 所示）预估排名。在直通车后台也可以看到这个词在手机端和电脑端的展现比例，如图 A.8 所示。

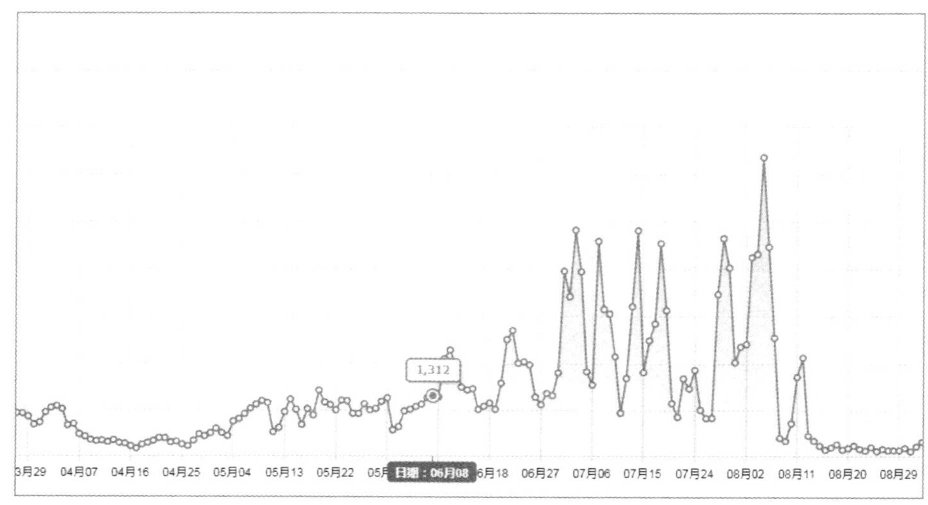

图 A.7

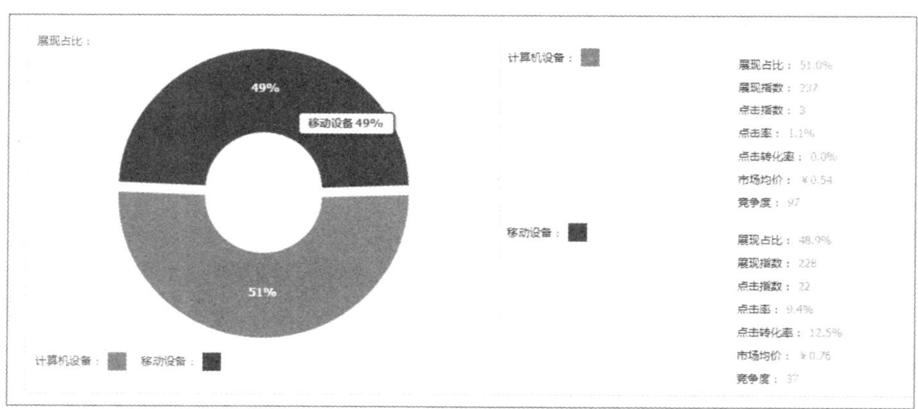

图 A.8

从图 A.8 中可以看到同行平均点击率，你可以根据自己的商品预估出价多少会得到多少点击率。

我们只要操作并放大输入数据，特别是最重要的几个数据，理论上可以得到大量的输出流量，即自然扶持流量。

根据以上原理，我给出以下淘宝排序算法的猜测公式：

猜测公式 1（搜索端）：

```
input(X1,X2,…,Xn)=output(Y1,Y2,…,Yn)
W1*X1+W2*X2+…+Wn*Xn= R1*Y1+R2*Y2+…+Rn*Yn
```

式中，X1，X2，…，Xn 为输入数据；Y1，Y2，…，Yn 为输出数据，我们给定输出数据为标准值；R1，R2，…，Rn 为输出变动参数；W1，W2，…，Wn 为输入变动参数。淘宝变化其实就是变动 W 和 R 参数。

其实不是只做加法这么简单，而是做的与运算，就是在几个条件全部满足的条件下，有的地方流量会暴增。

程序伪码如下：

我们假设数值 E 为某个满足前提条件的阈值，那么计算机伪码描述如下：

```
image(Pseudocode) /* 伪码*/
IF  X1> E& X2>E    THEN   output (Y1&Y2) =淘宝扶持流量值
```

这就是说，在 X1，X2，…，Xn 输入数据满足的情况下，Y1，Y2，…，Yn 输出数据流量也会出现。

猜测公式 2（手淘类目打散端）：

现在由于手淘个性化，人群标签的出现，输出流量被打散，用公式表示如下：

```
input(X1,X2,…Xn)=output(Y1,Y2,…Yn)
W1*X1+W2*X2+…+Wn*Xn= R1*Y1+R2*Y2+…+Rn*Yn
```

式中，X1，X2，…，Xn 代表了买家人群的搜索进店途径，包含搜索流量、首页流量、猜你喜欢等客户旺旺进店渠道；Y1，Y2，…，Yn 为输出数据。这里的输出数据主要以淘宝个性化流量为主；同理，R1，R2，…，Rn 为输出变动参数；W1，W2，…，Wn 为输入变动参数，手淘个性化流量变化其实就是变动 W 和 R 参数。

2．淘宝的分层运营法则

1）掌握好货源你就成功了 80%

很多初学者在进入淘宝开店后不知道应该如何运营，在商品上架后就守在那里等订单到来，要知道，如果你不去干预数据，那么永远只会有一二十个流量，要让淘宝店赚钱，我们要怎么做?

让我们赚钱的是爆款！首先我们必须明白一个最简单的规则，爆款之所以为爆款，是因为淘宝本身的规则是让能赚到钱的商品赚钱。

这个道理大家都懂，但是怎么判断呢？在直通车里，我们说收藏人数、加购人数、点击率高是标准，对于自然流量我们可以参考生意参谋的数据，但是并没有一个确定的指标，因为综合排序还要看同行的竞争情况，如果（收藏人数+加购人数）/点击量>15%，那么一般的商品都可以集中资金推广为爆款。

说到找商品，很多人会问能不能找 1688 的货，请记住一点，1688 的分销情况永远只是参考，不能说哪款一定适合引爆或者维持爆款，因为在这些 1688 商品中我看到过用原价和原图做爆的，我们只能依据买家的选择和数据说话，如图 A.9 所示。

图 A.9

爆款永远会得到更多的流量，而且也更容易维持，非爆款永远只配得到较少的流量，而且流量更容易下降（针对非标品而言）。因此，衡量 1688 所用的图片、商品和定价在淘宝上到底能不能卖得动，也只有用收藏、加购、点击率在淘宝平台上测试，当然数据量越大越精准。因此，每款的测试都会花费一定的直通车车费，所以如果有人想做爆款群赚钱，那么还要衡量自己对商品的理解、资金、竞争、资源等情况，这种运作模式适合团队，中小卖家集中精力做爆一两款即可。

寻找优质的淘宝货源其实是一个很大的学问，学问的深度远远高于商品的运营推广。优质货源包含符合流行趋势的商品、性价比高的商品、神款、跟风的新品、仿款等，很多人掌握了优质货源，但是并不会告诉你去哪里找，优质的货源需要卖家自己发掘。

2）推广前必备的知识——对搜索模型的理解

相对公正的淘宝搜索排序算法：淘宝网作为我国最大的电商平台，如果竞争不公平就会引起各类投诉和麻烦，公平竞争的前提是考察输入数据，然后给你对应的产出和销量。

在淘宝算法机制中，我们把产出模型分为 3 个部分：预备资源，输入行为，淘宝输出。

（1）预备资源：安全的旺旺账号。

（2）输入行为：购买、产出、收藏、加购、转化、停留、跳失、售后、询单、进店、浏览、回购、同商品对比等。

（3）淘宝输出行为：给淘宝买家分配对应的渠道曝光，如搜索词曝光、首页推荐曝光等。

现在淘宝店铺后台中还有店铺分析选项，如图 A.10 所示，可以看出输入的多维度和复杂性。

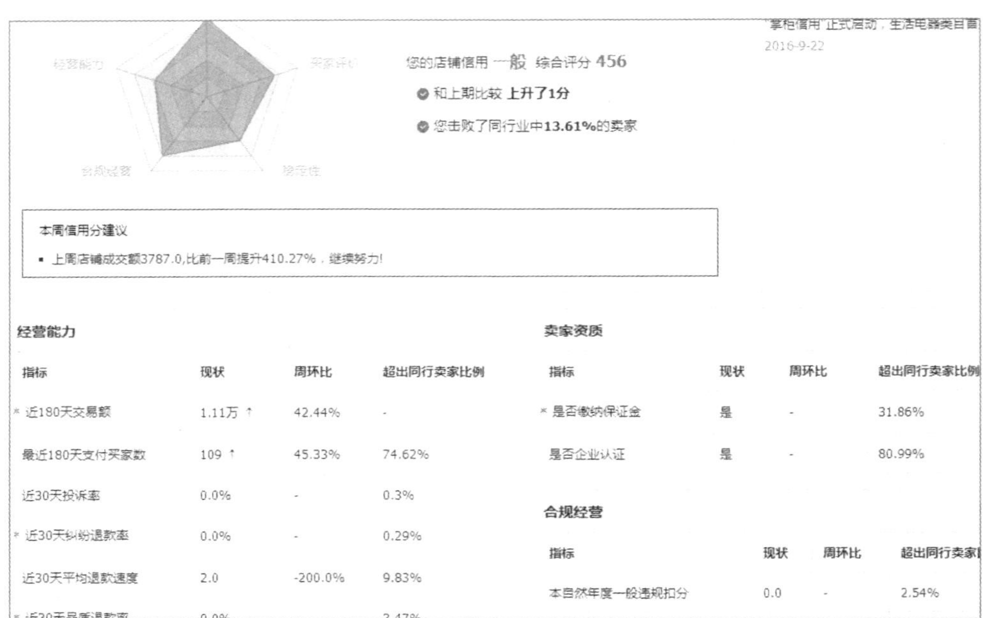

图 A.10

由此可以看出，做搜索推广，买家资源是必备的，离开这个资源你就很可能会被淘宝稽查系统稽查。输入行为是买家的所作所为，也是可以操纵的，而对于输出，淘宝并不能直接给我们流量和销量，给我们的只是各渠道曝光，具体在一定曝光的情况下我们能引来多少流量和产生多少销量，考验的是价格、评论、主图、详情页、销量等商品本质。

聪明的卖家可能会看到，我只要解决了买家资源，输入行为我可以操作，输出不就解决了吗，我不是能赚钱了吗？确实是这样的，也有很多人在这么做，但是，解决预备资源首先需要执行力；其次一定要实操，实操用文字无法表达，必须自己亲自操作才能领悟。另外，思路是第一位的，只有有了正确的思路才会有正确的操作。

图 A.11 所示的平台算法模型其实就是搜索流量爆发的前提，也是为什么淘宝搜索流量爆发节点是 5 天、8 天、15 天，而不是 1 天，2 天，这都是测试出来的淘宝刺激周期。在这个模型的基础上，我们要尽量满足这个模型里面所需的条件。

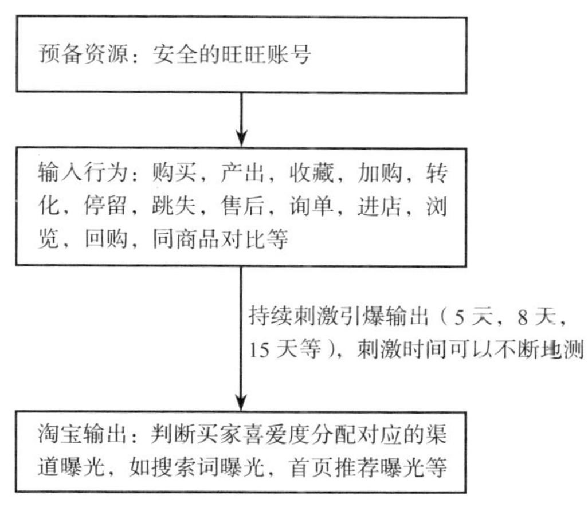

图 A.11

3）搜索层面分析

（1）要做多少。我们需要淘宝的曝光量，最主要的查看渠道是体检中心里的关键词曝光，其他的曝光渠道这里不讨论。我们要让自己的商品的综合排序靠前，这一点对于标品来说尤其重要。

很多人会有疑虑，我们的商品到底要多少销售额才能在搜索排序中排到前几页，其实搜索排序排名所需的销售额不是固定的，因为综合排序不仅考虑了销售额，还考虑了收藏人数、加购人数、转化率、停留时长、跳失率等一系列因素，能否排在前面的唯一指标就是同行竞争情况。对于同一个词，你的商品的综合实力比同行商品的强，你的商品就排在前面。虽然销售额是一个最重要的因素，但是只看销售额是不行的。阿里巴巴的平台排序算法已经决定了所有综合因素都是互相牵制的，单一指标提升得再快，也会被其他因素制约。

生意参谋中显示的爆款数据是同行的引爆销售额和维持销售额，但是只能作为参考，而不是固定的数值。

客户到底应该怎样购买商品才能爆发流量呢？我给卖家以下两点建议：

建议一：在一个规定的周期内安排高于竞争对手 1.5 倍的销售额，按照一个周期（七天）增权的方法递增，如果一个周期增不上去，那么可以继续递增，并且可以适当加大递增量。

建议二：从生意参谋的“市场行情”中找一个成长曲线正常的热销商品，如图 A.12 所示。仿照其数据成长曲线，统计销售额，再按照淘宝流量爆发时间点使销售额递增。

事实上，以上两个建议只是参考，真实情况要自己测试，最好按照我的建议一边观察流量一边调整。一般来说，由于标品排在前面，所以产出要求比较大，非标品产出较少。

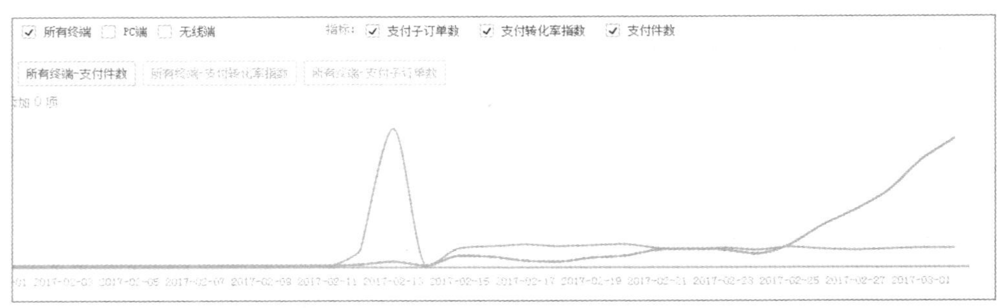

图 A.12

（2）细节。要重视收藏、加购、停留、转化与复购等各种买家行为的细节，细节决定一切。其实一个真实爆款的生意参谋后台都对应着较好的收藏人数和加购件数数据，如图 A.13 所示。如果你做得不精细，那就做不爆了，所以爆款的成长其实是可以人工“做”出来的。

排单表（精细化运营必备）：我们可以做出排单表，在表格中列举一切输入端口的条件，如图 A.14 所示。原则上所有的输入行为都要做到极致，把推广数据量放大，就可以最大限度地得到更多的搜索流量。排单表可以让你通过自己积累的数据，了解这个类目的竞争情况和排序情况，有些有经验的运营能做到单类目爆款得心应手，这都是对商品的理解和长时间在淘宝试错得到的沉淀，这其实也是数据分析的一个方面，研究淘宝的平台排序曝光触发机制。

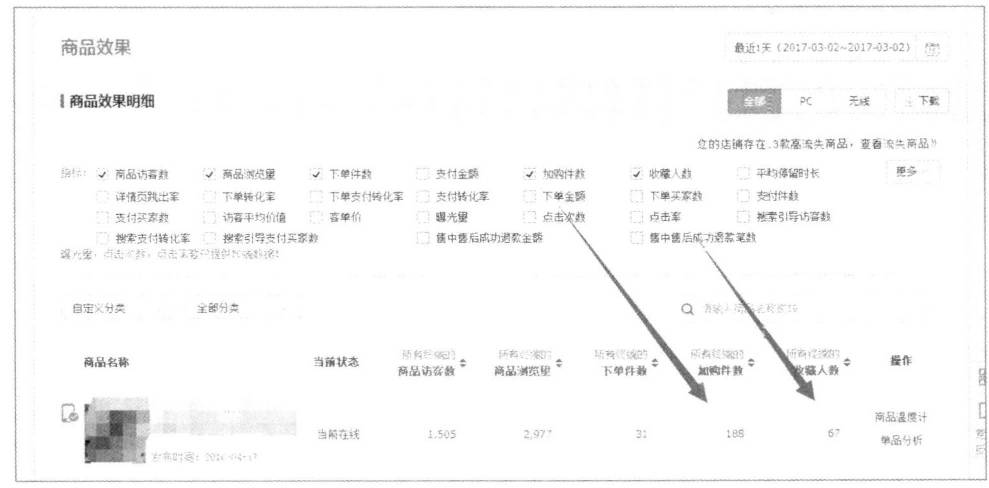

图 A.13

规范的客户购买表格是列出日期和销售额、客户购买行为，再综合进行分析的，如图 A.14 所示。

A	B	C	D	E	F	G	H	I	J	K	L	M
	人工干预输入											
日期	PC单量		手机单量		收藏		购物车		跳失率	停留时长	跳出	销售额
	老客户	平台	老客户	平台	PC	手机	PC	手机				
	转化率			入口			干预流量					
	PC	手机	老客户	其他入口	猜你喜欢	关键词	pc	手机	渠道			
日期	平台输出											
	浏览量		成交		访客数		访客入口					
	pc	手机	PC	手机	PC	手机	关键词	其他				

图 A.14

当然，卖家还可以进行更加精细化的数据分析以及测试，这在于执行力。因为买家和商品不同，所以每个类目的爆款数据是有区别的，比如食品类目的收藏人数、加购人数肯定远高于家居用品等大件商品所在的类目，这必须根据商品情况自己摸索。所以说，商品第一，执行力第二。

小福利（店群做法）：每个类目的爆款单量、收藏人数等输入数据都是不同的，每个时间段、每个节点的同行表现和竞争都不一样，其实爆款的产生有一定的概率，目前淘宝店铺群的做法是在店铺中放几千个，让这个概率增大。

自然点击对搜索排序的作用有限，影响搜索排序最主要的因素是产出，同时收藏人数和加购人数也会给商品带来一定的加权，因为其满足了搜索流量爆发的其他因素。

4）直通车层面

直通车的技巧要用数据来演示，需要把握以下几点。

（1）能不能推广出爆款。很多用直通车高价推广出爆款的方式其实并不值得我们模仿，因为这种方法是建立在对商品和爆款节点理解的基础上的，不适合刚入门的中小卖家，盲目用大资金做直通车推广一定要谨慎。

（2）控制点击率。控制点击率的主要思路在于将点击率优化到最高，方法包括优化点击率最优的地区、人群和投放时间段，需要长期测试操作才能掌握。

（3）合适的选词与位置。选词需要不断试错，原则为保证点击率，三五天就可以学会。剩下的就是不断地按照直通车操作和优化方法测试我们的店铺，其他成功的案例不一定适合我们的店铺，经常操作成功的直通车车手的背后也积累了无数失败的案例。

直通车能不能做：搜索流量比直通车麻烦，但是省钱；直通车费钱，但是省事。在货源能爆的前提下，有钱的“砸”钱，没钱的“砸”搜索流量，搜索流量能“砸”起来的，不必“砸”直通车。我不建议中小卖家“砸”直通车，特别是对于客单价比较低的商品。直通车产生的输入权重会叠加到搜索流量，和搜索流量是一样的。

5）其他层面

其他渠道也有很多（如钻展、淘宝客、线下实体店购买等）引爆的案例，但是所需要花费的精力、时间和资源将更加巨大，故不建议中小卖家操作，除非你已经拥有这方面的资源，如大淘宝客和线下连锁店。

6）爆款维护分析

爆款维护的方法很多，为什么搜索流量提高以后还会下降？原因很简单，淘宝不会随便送一个没有潜力的店铺流量，当你的商品转化率下降的时候，流量自然就没有了。

直通车推爆的商品的流量不会随意大幅度下降，原因很简单，因为如果商品不是爆款，直通车根本就推不爆或者很难推爆！所以如果推爆了，自然流量就算下降也会降得很少。

7）商品数据分析，淘宝与线下生意的本质

在淘宝开店，卖家要注意商品、推广、客户维护 3 个方面。尤其要注重商品和客户维护，如果只注重推广，那么只能赚到快钱，走不长远。

在淘宝开店要先做好数据分析。如果我们经营线下的餐饮店、网吧或者电影院，那么我们首先要进行数据分析。以餐饮店为例，开餐饮店要考虑周边的商品受众、回头客等因素，在此基础上再核算客单价，算出每单能得到多少利润。如果我们开电影院，除了要考虑上述因素以外，还要考虑电影的更新以及消费者的购买频率。在做好了人群数据分析以后，我们还要考虑转让费、装修费、人工费，大致算出是赔本还是赚钱。可以说，在没有名气和口碑之前你就能分析清楚在线下经营是否可以赚钱，如果没有这个思路，在线下经营必定亏损。

现在我们转到线上思维。首先，你在开店之前必须知道要销售什么类目、这个类目能不能销售、能赚多少钱，可以参照生意参谋中“市场行情”的“行业大盘”“搜索词查询”以及直通车选词分析，分别如图 A.15 ~ 图 A.17 所示。

从数据分析和行业粒度中我们可以看出，哪个类目可以销售，能达到多少销售额，这些都可以根据生意参谋里的数据核算出来，当你开始经营一个淘宝类目时，淘宝买家的数量是否符合你的预期，需要你自己根据生意参谋数据思考。

从这个思路来看，以腊肉这个商品为例，综合分析转化率和点击率等因素。这个类目是一个需要慢慢经营的类目而不是靠淘宝流量赚大钱的类目，很多同类目的店铺只是把淘宝作为一个渠道。任何生意都是这样的，要把投入、转化、产出、推广费用结合起来看能不能赚钱，即分析投产。

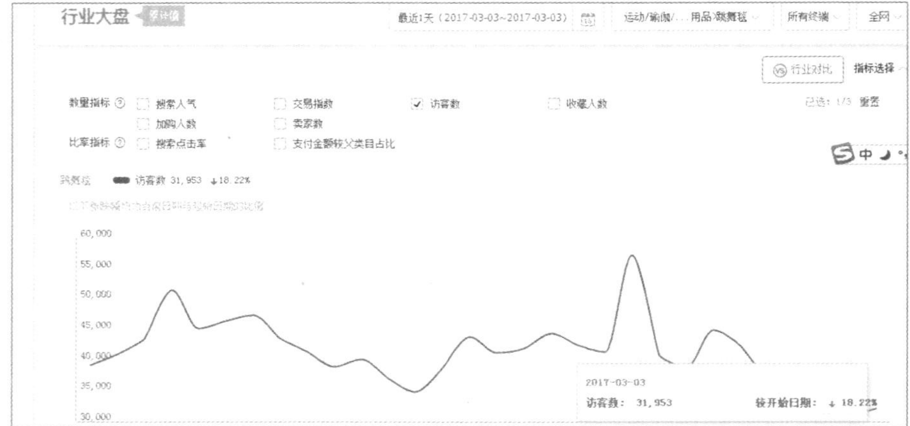

图 A.15

搜索词查询　最近1天（2017-03-03~2017-03-03）　所有终端

当前搜索词：羽绒服　　展开

类目名称	点击人气	点击人数占比	点击热度	点击次数占比	点击率
羽绒服	10,424	63.76%	26,495	81.07%	34.26%
棉衣/棉服	4,099	14.30%	6,957	9.01%	3.81%
马夹	3,283	10.10%	4,645	4.73%	2.00%
大码女装	2,799	7.89%	3,561	3.12%	1.32%
中老年女装	1,362	2.66%	2,269	1.56%	0.66%
皮衣	618	0.85%	862	0.37%	0.16%

图 A.16

所有推荐词 > 移动设备　　共推荐 **794** 个关键词

选择设备：全部　计算机　移动设备

推荐理由：全部　热搜词　潜力词　同行词　飙升词　手机标　更多　　指数筛选：全部

关键词	推荐理由	相关性	展现指数	市场平均出价	竞争指数	点击率	点击转化率
<< 农家腊肉			2609	0.66元	168	3.88%	2.52%
<< 腊猪肉			81	0.31元	22	7.86%	14.28%
<< 湘西			91	0.11元	17	1.98%	0.00%
<< 土猪腊肉			3265	0.63元	62	5.50%	3.77%
<< 湖南农家diy土特产			249	0.39元	52	3.92%	0.00%
<< 特产腊肉			3513	0.72元	95	2.86%	1.68%
<< 农家猪肉			1162	0.75元	97	1.19%	0.00%

图 A.17

但凡比较成功的生意人，都有圈子、有思路而不埋头苦干。抬头看天，低头走路，“知”和“行”要永远统一，对于大部分商人和电商人来说，思路是第一位的，如果你没有思路，你就只能永远守在你的那一小块领域，当遇到问题时到处请教别人，殊不知一般人都只想交流而不想教学。

3. 直通车与淘宝自然排序算法的联动机制

任何平台（包括淘宝、京东、天猫、饿了么、美团、腾讯、百度等）的算法要想生存壮大，必须有一套自己的生存机制，这个机制的核心在于：把平台中最优秀的商品排在最显眼的位置。平台要生存、要壮大，必须选择适合它的商品。在平台上操作，当然要知道平台的机制。

1）联动机制分析

有商品的电商卖家要用平台流量+自身品牌效应圈粉+核心粉丝操作自然搜索流量模式操作，平台流量的获取、图片优化其实考验智商，而圈粉与微商卖货模式则属于营销层面，与情商相关。这对我们的要求就更高了，我们要有这样的理念。

（1）自然搜索算法决定因素。所有在淘宝开店的人都知道，在新商品上架后，只要有人购买，就会有流量，这是所有自然搜索玩法的出发点和落脚点，因为这个原理满足了自然搜索的两个最大的决定性因素：单坑产出销售额和转化率，这两点缺一不可。下文中简称为两项指标，这是核心。对于新手卖家来说，这就是要提高销量，在短时间内销量越高越好。

（2）自然搜索算法的自我调节机制。自然算法有自我调节机制，很多人开不好直通车，就是因为开直通车的操作经验不足，没有掌握方法，不知道该开的词开，不该开的词不开。自然算法怎么自我调节法呢？以爆款商品为例，如图A.18所示。爆款标题为“鞋子女2018新款百搭韩版学生秋季豆豆鞋网红中跟单鞋女春季奶奶鞋”。

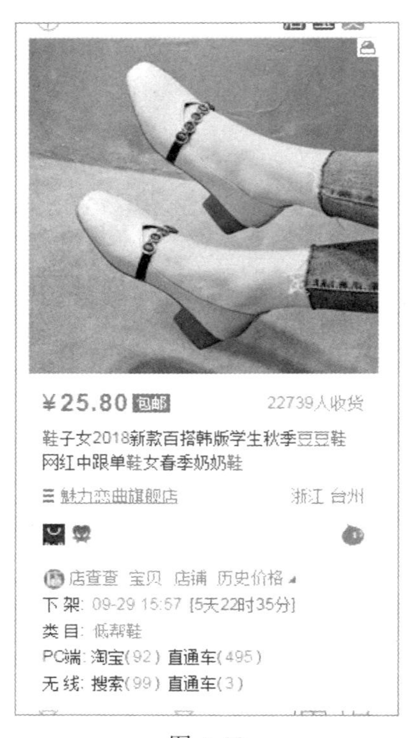

图 A.18

爆款的所有流量都是词给的，在这个商品里面，其实我们可以猜测一下最大的引流词是，“韩版学生秋季豆豆鞋”（因为不能看到后台，所以只能猜测），这是由它的图片和商品属性猜测的，也就是说这个词给它带来的流量最多、点击率和转化率最高。引流效果稍微差一点的词是什么呢？猜测为“2018 新款”，当然只是猜测。“2018 新款”这个词如果排在第五页，它的两项指标高于周边商品，它就会往前挪，挪到第三页，如果在第三页没有表现得比周围商品的两项指标好，那么这个商品会停滞在第三页，但是如果这两项指标持续超过周围商品的两项指标，那么它就一直排到首页的位置。所以说，这个标题所包含的所有长尾词和大词都符合这个规律，自然搜索机制会让该排在前面的词往前移，不该排在前面的词维持原位或者往后移。

同理，如果几个长尾词的两项指标都操作上升，那么所产生的销量一定会使大词展现，当然最好的大词是女鞋，不过这个词很难抢位。这就是自然的排名机制，它自动给好的词高展现，给不好的词低展现，维持平台的生态均衡。这在算法上并不难实现，原理非常简单，只是很多人一直没有理解而已。

（3）直通车和自然搜索的联动机制。直通车车位带来的流量完全可以和自然流量叠加起来计算，也就是说车位的流量、单坑产出销售额、转化率可以和自然流量叠加在一起。例如，如果某个商品本身的 100 个自然流量转化 10 单，转化率为 10%，直通车带来 100 个流量，转化 5 单，转化率为 5%，那么直通车就降低自然流量的转化率了，整体转化率为 15/200=7.5%，转化率下降很容易造成自然流量下降，导致这个直通车白开了。反之，如果 100 个自然流量转化 10 单，转化率为 10%，直通车带来 100 个流量，转化 15 单，转化率为 15%，整体转化率为 25/200=12.5%，这个直通车还能增加自然流量。但是为什么直通车转化率很低却一样可以增加自然流量呢？我说了两项指标，还有一个单坑产出销售额，如果你的客单价很高，那么权重也会很高，会对转化率进行弥补。此外，在收藏、加购以后再回购的因素也很重要，可以间接增加商品的转化率和单坑产出销售额。

举个极端的例子，很多不懂开直通车的卖家把所有词都排在前面，“2018 秋”和“豆豆鞋网红”这两个词对商品的点击率、转化率与单坑产出销售额是完全不同的。你要是把这些词全部排到前几位，虽然做法“土豪”，但是带来的结果却是自然流量不断下降和直通车 PPC 越来越高，再怎么“砸”钱也没有用，业界称之为“不懂运营”。说个小技巧，有的人在上架商品时不把标题加满，只加转化率高的几个词，然后等销量增加后，再拓展词，不断地优化，这种方法在前期可以快速积累权重，进而通过生意参谋观察拓展词的转化率是否达标，再决定其去留，这是一种非常聪明的做法，卖家可以借鉴。

（4）总结。由上面的原理我们可以解释两个常见的现象。①有的人直通车开得很烂，但是自然流量却很好。我见过不少开得比较差的直通车，最突出的一个是 PPC 已经到七八元了（指的是远高于同行的），但是前端自然流量却保持得较好，而且转化率也不错，卖家不懂直通车后台操作，但是也不敢关直通车，怕关了直通车以后淘宝不给流量了。其实这是操车者不懂原理，但是在单坑产出销售额或者某些词的转化上无形中满足了机制，导致流量持续不断地增加，有的关键词其实是可以优化的。这也解释了有的人想推爆款、开大车反而把自然流量开没了。②有的人直通车开得很好但是自然流量却很低。影响直通车的三大因素中决定因素是创意质量，案例就是很多直通车的 PPC 很低，但是自然流量怎么都涨不起来。

直通车到底应该怎么开呢？很简单，看投产、点击率和转化率，这是最主要的，也要看收藏、加购，但是如果收藏、加购的转化率不高，那么自然流量一样会下降。当然，说起来简单，需要实操。

我们要清楚一个概念，就是直通车带来的流量和转化会影响自然流量，而自然流量的两项指标不能影响直通车，原理就是计算维度不同。直通车只看创意质量、相关性和买家体验，买家体验可以相对弱化，而不看单坑产出销售额和转化率，所以自然流量不会影响直通车。而直通车带来的自然流量和单坑产出销售额却叠加影响了自然流量的两项指标，导致自然流量波动。新手卖家在看到大卖家后台一天近万元的直通车花费时瞠目结舌，其实如果没有好的投产、点击率和转化率，那么他们是不会这样开的，这样的开法就是为了增加自然流量。

2）搜索爆款案例与细节补充

（1）到底能不能借助点击量和点击率增加自然搜索流量。借助点击量和点击率增加自然搜索流量这个命题其实是一个伪命题。因为从在淘宝开店的第一天开始，我们就惊奇于淘宝的首页销量之多。例如，你随便搜索一个词，比如“向天果”，这是一个小类目，如图 A.19 所示，一共有 37 页，0 销量不可能排在首页，那么 0 销量的商品在哪里呢？我们搜索到第 20 页就能看到了。也就是说，我们搜索的综合排序不是销量排序，淘宝会衡量这段时间的两项指标、成长速度等因素，以能够突出优质新品，这也是我们在自然搜索中第一步计算单坑产出销售额的目的。

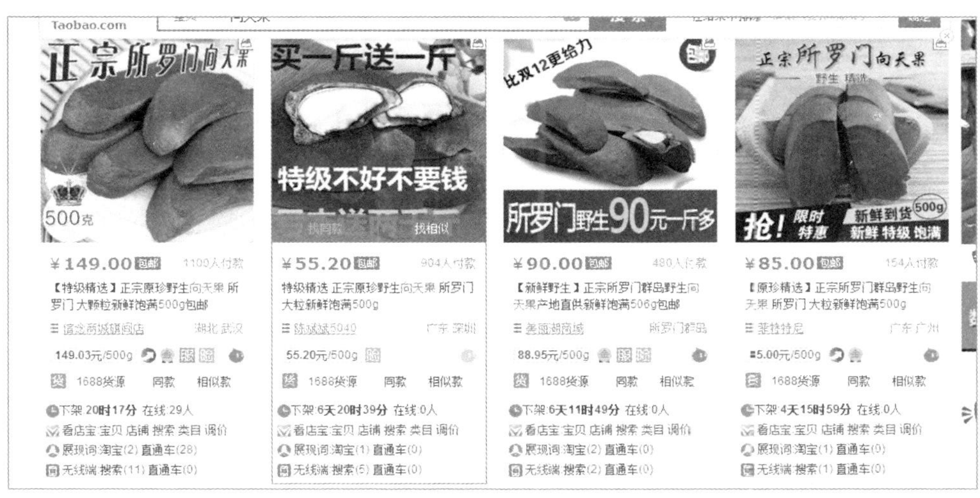

图 A.19

（2）初期怎么提高展现。很多卖家说在新品上架后没有展现就没法提高销量，其实任何商品只要一上架就有展现，只是展现多少的问题，这可以从后台“体检中心”中看到，如图 A.20 所示。如果实在没有展现，那么可以使用淘口令或二维码链接直接进店成交，提高销量权重，也能够产生更多的展现。

	宝贝	关键词	次数	展现
2	日本乐天anello双肩包男手提女包帆布旅行包简约学生书包两用背包 ID: 540683911544 编辑宝贝	anello双肩包手提女包帆布	10	36 同比 ➜ 0%
		帆布书包女anello双肩包	5	
		日本乐天anello双肩包	3	
		女生帆布书包 anello双肩包	2	
		帆布书包女 anello双肩包	2	
3	日本乐天anello双肩包男手提女包帆布旅行包简约学生尼龙材料旅行 ID: 540676120186 编辑宝贝	日本乐天anello双肩包	4	21 同比 ➜ 0%
		乐天anello双肩包尼龙	4	
		anello双肩包手提女包帆布	2	
		anello乐天双肩包手提包帆布包	1	
		anello女包	1	
4	【新款两用旅行包】anello600D大口斜挎背手提大容量包 大小款 ID: 540683643839 编辑宝贝	anello斜挎包.	1	17 同比 ➜ 0%
		anello斜挎包	11	
		anello 斜挎包	5	
		帆布书包女anello双肩包	4	

图 A.20

如果实在不知道怎么找展现，卖家可以开直通车，按照自然流量和直通车流量的联动机制，根据展现控制好转化率进店成交，一样可以达到效果。

3）搜索流量爆发后的维护

下面结合搜索流量和直通车一起讲维护。有很多店铺的搜索流量爆发了以后就开始下降，你们有没有想过深层次的原因呢？

（1）为什么我的搜索流量下降。因为搜索流量是突然爆发的，所以有的人可能以为只做推广，满足淘宝流量爆发的方式就能解决一切问题，其实错了，淘宝通过简单的两项指标的相互制约满足了两项指标的机理。按照淘宝平台的自然流量调节机制，慢慢爆上去的爆款是可以稳固在自己的位置的。类似于直通车，位置排名与很多因素有关，销量、图片、评论、本身的爆款潜力决定着两项指标，如果你的商品不是爆款但是排在前面，流量一样会下降，这样流量爆发就没用了，流量第二天就可能下降。当然，你想维持流量也可以，要自己持续操作两项指标，当流量增加的时候，你的资源肯定就不够用了，这就是淘宝用算法制约不好商品的方法。

维护只能在前期做，但是不合适，因为资源、资金的投入和产出有限。卖家应该把精力放在优化商品上，也就是说好的商品用技巧可以省钱，技巧只是一个引爆点，但是差的商品爆了以后流量一样会下降，也许还会赔钱。这样的机制迫使我们回归淘宝本质，毕竟所有的技巧都是投机，淘宝是一个优选良品的销售平台。

（2）搜索与直通车的本质。自然搜索的决定因素是两项指标，而直通车的决定因素是三项指标：创意质量、相关性、买家体验，这三项指标会直接影响直通车计划权重和商品权重，所有的技术玩法都是由此衍生出来的。卖家真正要做的是注重商品、图片、性价比、客户维护，技术可以作为节省成本的引爆点。

（3）给小卖家的建议。小卖家在淘宝开店之前，一定要研究平台的算法机制，否则容易走弯路。不要迷信技术，在你自己的领域，你就是“大神”。

在淘宝开店，我们需要资源、资金、执行力、团队、好商品。

在测出好款后，玩爆免费流量最省钱的方法如下：①维护好老客户，让他们在你的网店持续消费。②利用淘宝客冲量、站外冲量，在操作出销量和评论后使用直通车推广或客户推广。③直通车推广，合理利用技巧开直通车。